ホモ・デジタリスの時代

AIと戦うための（革命の）哲学

ダニエル・コーエン
林昌宏 訳

白水社

ホモ・デジタリスの時代——ＡＩと戦うための（革命の）哲学

目次

イントロダクション …… 011

第一部　旅立ち、帰還

第1章　現代の神話 …… 021

若者は退屈しているのか　029

マルクスあるいはフロイト　039

第2章　失われた幻想（3つのステップその1）……051
幸福の追求　059
危険な偏流　067
第3章　保守革命……073
啓蒙の錯覚　081
わが愛のコンドラチエフ（失われた幻想その2）　087

第二部　堕落の時代

第4章　プロレタリアートの別れ……097
二〇一六年はひどい年（アンヌス・ホッリビリス）だった　104
時代はめぐる　111
五〇年の孤独（失われた幻想その3）　117
第5章　よそ者恐怖症……125
「野蛮の極致」　132
ポストモダンな暴力　138

第三部　未来へ戻る

第6章　二十一世紀の大いなる希望 …… 149
自分のロボットが私を愛する日が来る　154
ホモ・デジタリス　159
ロボットと悪魔　168
考えられる二つの世界　175

第7章　iPhone世代 …… 183
アルゴリズムな暮らし　194
『これからの人生』　201

結論　ディランからディープマインドへ …… 209

訳者あとがき　219
注　i

凡例

行間の＋番号は、原注として巻末に収録する。

本文における〔　〕は、訳者による補足である。

フィリップに捧げる

時代は変わったと言うべき。われわれは身勝手な時代に生きている。

ダイアン・テル『もし私が男だったら』

時は流れるのではなく、堂々めぐりをするのだ。

ガブリエル・ガルシア＝マルケス『百年の孤独』

イントロダクション

ボブ・ディランは一九六四年に『時代は変わる』と歌った。たしかに、時代は変わったが、それは予想外の方向への変化だった。奇妙な変化が生じたため、われわれはそれまでとは異質な世界へと追いやられた。輝かしい未来という希望は、古きよき時代を懐かしむノスタルジーに席を譲った。左派に代わってポピュリズムが異議を声高に唱えるようになった。将来に希望を抱けなくなった若者は、いつまでたっても変わらない現在という空間に閉じこもるようになった。過去半世紀の間に蓄積したこうした徴候は、トラウマ的な症状を示すようになったのである。

発展した社会の長い彷徨は、形容しがたい生きる困難を言い表わしていた。旧世界の進歩という約束を再び掲げようと尽力した脱工業化社会は、莫大な遺産を相続した孤児のような存在であり、この孤児は両親を探し出そうという儚い希望を抱いて遺産を散財してしまう。つい最近になってようやくわかったのは、こうした探求によって奇妙で思いがけない創造物が誕生したことだ。それはホモ・デジタリスである。遺伝子の突然変異さながら、この新しい生物種は出現した。彼らは、オンライン接続された外在性そのものであり、農民よりも狩猟採集民に近い。彼らのアルゴリズムに基づく暮らしによって文明の行方が決まる。われわれは、ホモ・デジタリスが誕生した経緯である怒りや不満を理解し、そこにないまぜになった感情――この時代を生きる人々の無頓着さや幸福感――について把握しなければならない。それは、人類の遺産でもある人文知について心を向けることである。この責務を怠ることはもう許されないのだ。

ホモ・デジタリス誕生の歴史は今から五〇年前に始まった。つまり、「六八年五月〔一九六八年五月にパリで起きた五月革命〕」が出発点なのだ。あの時代の人々の想像力は燃え上がった。というのは、「六八年五月」はアンシャンレジーム〔フランス革命前の政治・社会体制〕を葬り去ったフランス革命を想起させたからだ。カルチエ・ラタンなどに群がった若者は、ブルジョワ社会をぶち壊そうと夢見た。しかしながらマルクスが語ったように、歴史が繰り返すとき、二度目はしばしば茶番である。「六八年五月」は、おめでたいお祭り騒ぎだった。ひとつの首も刎ねられることがなかったのである。問題は、パンの要求でなく過剰の富を「障害なく享受する」ことだったのだ。サンフランシスコ、パリ、ベルリンで暮らす新たな世代は、単調な流れ作業と物質的な問題をお払い箱にする新たな時代が訪れると考えた。すなわち、セックス、ドラッグ、ロックンロールである。

ところが、七〇年代中ごろから、経済成長は失速した。長い停滞の時代が始まったのである。六〇年代の渇望は砕け散った。繊維業、精錬業、造船業が不況に見舞われたように、工業界は不可逆的な衰退期に入った。プロレタリア革命の準備のために工場で働いていた左派の若者は、この光景を目の当たりにして驚愕した。聖書の説く労働という呪いから解放されるはずだと信じていた世代の高揚感はしぼみはじめた。五〇年前のこの出来事が最初のトラウマだった。

経済危機が勃発すると、六〇年代の革命の敵は、反撃の機会をすかさず察知した。アイルランド人のエドマンド・バーク〔一七二九―九七〕は、フランス革命によって「変調と悪徳」が解き放たれ、若者たちは「思慮深さと徳」を失ったとして、フランス革命を非難した。八〇年代初めに勢力を取り戻した新保守主義者は、バークとまったく同じ文句を連呼した。六八年世代のスローガンは「禁じることを禁じる」だった。彼らは間違いを犯したのだ。というのは、すべての社会は規則と禁止で成り立っているからだ。彼らは「不可能なことを望んだ」のか。彼らは人間の条件が悲劇的であることを忘れていたのだ。五月革命に対する批判に耳を傾け、「無関心、快楽主義、道徳的な堕落」からすぐに抜け出すべきだったのだ。

レーガンを支持した人々は、このアメリカ大統領選を快楽原則に対する現実原則の報復と見なした。

現実原則は、道徳と経済に関する革命の旗振り役だった。そうは言っても、この原則も六八年世代と同様に、ナイーブな幻想を抱いていた。すなわち、資本主義は道徳心の復活という恩恵によって自動調整されるという幻想である。ところが、道徳心の復活とは反対に、レーガンの選出後にまったく節度のない富の分配の不平等が生じたのは、強欲を礼賛する社会においてであった。保守主義革命の背信は、われわれの時代の第二の大きな幻滅になった。

六〇年代から八〇年代への移行は、人間の二つの欲望の間の単純な往復で終わったのかもしれない。すなわち、自由になりたいという願いや、遠くに行きたいという思い、ようするにボードレールが謳った「この世の外ならどこでも」という欲望に対し、故郷に戻りたいという回帰的な欲望である[†1]。だが、過去半世紀間に始動したのは、そのような対立の根本的に倒錯した形態だった。すなわち、既存の秩序に対する陽気な抗議は競争心を煽る個人主義に陥った一方、伝統の称賛も変質して、他者の伝統を拒否する、いわゆる外国人嫌いになった。解放と伝統との（高貴な）対立に代わって現れたのは、慣習にとらわれない自律的な勝ち組と、伝統に逃げ込むが伝統によっては保護されない負け組との大分裂だった。

この危機はポピュリズムの台頭として現れた。大衆層は工業社会が自分たちに提示した指標を見失った。そうした果てしない波乱に富んだ旅路の果てに、大衆層は、左派に対しては道徳的な退廃だと反逆し、右派に対しては儲けることしか考えていないと糾弾した。大衆層は文化的なリベラリズムや経済的なリベラリズムなど、あらゆる形態のリベラリズムに終止符を打つように要求しはじめた。勤労階級のポピュリズムへの移行は、大学の構内の壁に「労働者階級は学生のか弱い手から反逆の旗を受け継ぐ」と落書きした世代の希望に終わりを告げた。これが第三の失われた大いなる幻想である。

危機と急変のこのつながりをどう理解すればよいのか。この時代が示す隠された悪とは何か。その答えは決定的な要因に起因する。すなわち、工業文明の崩壊であり、先進的な社会が工業文明後の世界のあり方を見つけ出そうとする際に感じる大きな困難である。われわれの時代は脱工業化社会だという考えからは、さまざまな誤解が生じる。左派はこれを資本主義からの脱却の兆しと解釈した一方、右派は労働や努力という自分たちが掲げてきた基本的な価値観の復活だと捉えた。だが、両陣営とも見誤った。その本当の意味が明らかになったのは、つい最近になってからである。

工業世界からの脱却が引き起こした幻滅の本質を理解するには、一九四八年に出版されたジャン・フーラスティエ〔一九〇七―九〇〕の著書『二十世紀の大いなる希望』を再読すべきだ。土地を耕す農業社会、そして物質を加工する工業社会の後には、この偉大な経済学者フーラスティエの見通しでは、労働がモノでなくヒトに費やされる社会になり、医療、教育、娯楽など、人間が自分たち自身のことに専念できるようになるというのが、この新たな時代の希望だった。裏切られたのは、経済が人間性を実現するという、フーラスティエが掲げた希望である。

フーラスティエは、本質的な点の重要性を過小評価したのだ。すなわち、現代社会における経済成長という抑えがたい欲求である。たとえば、X氏がY婦人に奉仕するサービス社会は拡大しない。なぜなら、X氏の賃金はY婦人の賃金によって制御されるからだ。教師や介護士などの対人サービスは新たな世界の旗振り役とは程遠く、これらの仕事は最低賃金の業種である。前大統領〔サルコジ〕が対人サービスに関して教唆したように「たくさん働けば、たくさん稼げる」のは確かだが、五〇年代や六〇年代の工業界のように、一五年ごとに所得を倍増させることはできない。対人サービス従事者の購買力を上昇させるには、活躍の場を劇場からテレビに移して観客数を増やす役者のように、自分たちの顧客数を増やす「規模の経済」という仕組みを見出さなければならない。

暗中模索した後、脱工業化社会は一つの道筋を見出したようだ。この道筋にはデジタル社会という名前がつけられた。デジタル社会は、「収益」を確保するために全員に対し、サイバネティックスな巨大な身体に座薬のように参入することを要求する。それは、一つの情報を別の情報として扱えるようにするためだ。ソフトウェアや人工知能は、無数の顧客に対し、介護し、アドバイスを与え、娯楽を提供するようになる。そのための条件は、顧客があらかじめデジタル化されていることだ。たとえば、近未来を描く映画『ｈｅｒ／世界でひとつの彼女』には、「恋愛」ソフトウェアが登場する。ソフトウェアから流れる魅力的な声の持ち主は女優スカーレット・ヨハンソンである。このソフトウェアは、一度に何と数百万人と恋愛するのだ。これこそがホモ・デジタリスの掲げる約束であり、人体の限界を超えた世界で交わされる約束である。

当然ながら、角を矯めて牛を殺す事態にならないようにすることが肝要だ。つまり、ロボットが人間の職を奪って貧困を拡大させるのではないか。流れ作業に代わってフェイスブックやネットフリックスを通じた精神面のテーラー・システムが登場するのではないか。歴史は一直線に進むというよりは繰り返すように、工業世界の古くからの問題が、その後の世界に再び登場しつつある。道徳的な破綻や金融危機など、これまでに経験したあらゆる行程を、われわれはまたしても歩まなければならないのか。われわれはうまくやっていけるのか。歴史はその意味を取り違えることがなければ、今、綴られるのだ。

第一部　旅立ち、帰還

第1章　現代の神話

今日二十歳の若者の五〇年前の世代にとって一九一八年の第一次大戦の休戦が遠い時空の出来事だったように、今日の若者にとって「六八年五月」も同様だ。そうは言っても、二つの出来事が過去におよぼした影響は甚大だ。「六八年五月」に参加した若者は、自分たちの両親が消費社会という安楽で退屈な生活に浸り、歴史の悲劇を忘れてしまったと批判した。今日の若者は、自分たちの年長者に対して正反対の非難を浴びせている。両親世代の過去の背徳的なばか騒ぎによって、社会は脆弱(ぜいじゃく)になり、物質的な安全が失われたと批判しているのだ。

五月革命の敵は、現代の孤独感の原因をつくったとして、この運動を批判した。絶対自由主義者である「六八年五月」の支持者は、個人主義の拡大を準備し、経済的自由主義の基盤をつくったのか。支持者とは、オデオン座〔パリ市内になる国立劇場〕を占拠した若者や、ウォール街の権力を掌握しようとしたサンフランシスコのヒッピーである。だが、そうした解釈は完全にばかげている。その二〇年後に道徳という価値観を回復させると見せかけてウルトラ・リベラルな経済改革を推し進めるという、この驚くべき失地回復に身を投じたのは、五月革命の敵であるレーガンとサッチャーである。

「六八年五月」は個人主義が原因というよりも、あの時代に拡大した個人主義に対する批判である。[†1] バークレーやローマなど世界中で、学生は消費を崇拝する社会に怒りをぶちまけた。ところが、統計を通じてこの時代を分析する経済学者たちは、この時代を正真正銘の黄金時代と見なす。力強い経済成長により、所得は一五年ごとに倍増した。当時の失業率は、今日では奇跡と言える三％未満だった。ジャン＝ピエール・ル・ゴフ〔一九四九―、フランスの社会学者〕は、自身の回想録に次のように記した。「進歩はついにその約束を果たしたかに思われた。というのは、さらなる輝かしい未来を実現するのに、犠牲や努力をともなう進歩はもう必要なくなっていたからだ。だが現在では、日常の暮らしを変える消費材や生活様式を手に入れるには、進歩が具体的に必要になった。過去は廃れてしまったのではないか[†2]」。

たしかに、統計をくまなく検証すると、問題点が明らかになる。若者は労働市場の状況に懸念を抱いていた。たとえば、一九六七年にはおよそ四五万人の失業者を救済するために公共職業安定所（ＡＮＰＥ）が設立された。[†3] 失業者に二十五歳未満の若年層が占める割合は四〇％だった（これは現在の二倍の割合である）。下限とみなされる最低賃金は平均賃金と連動していなかった。[†4] 景況はよかったが、暗雲が立ち込めていたのである。

生活難はむしろ主観的なデータに見出せる。見た目は豪奢（ごうしゃ）でも不幸が忍び寄っていたのである。一九六八年三月十五日付の『ル・モンド』紙に掲載されたピエール・ヴィアンソン＝ポンテ〔一九二〇―七九、同紙の論説委員〕の有名な「フランスが退屈するとき……」という記事には、「六八年五月」がフランス社会から取り除こうとした無気力が如実に記されている。ヴィアンソン＝ポンテによると、フランスは一〇〇年来、初めて平和な日々にあり、ブルジョワ的な暮らしの快適さと引き換えに勇壮な生活を捨て去ったため、フランスは退屈しているというのだ。しかし、ヴィアンソン＝ポンテは「これこそが大衆の幸せなのかもしれない」と結論づけた。若者が嫌ったのは、この「地下鉄、仕事、寝る」という幸せだった。工業社会は、生産と消費の秩序の両端において限界に近づきつつあったのだ。

生産の世界は、流れ作業、すなわち労働のテイラー型の管理組織だった。二十世紀初頭に出版されたフレデリック・テイラー〔一八五六―一九一五、アメリカの経営学者〕の著書『科学的管理法』は、当時も相変わらず企業経営のバイブルだった。この本により、作業時間をできる限り削減するために「仕事場にストップウォッチ」が導入され、作業ごとに所要時間が設定された。労働者は、テイラーの影響によって自身の仕事が際限なく繰り返される単調な作業に変わったと感じた。テイラー主義は、主役と見なされていた働き手を生産過程から疎外する。労働自体に関する疎外として、作業に必要なあらゆる条件は負担とみなされるようになった。知識に関する疎外として、働き手は「考えるために職場にいるのではない」と一喝された。時間に関する疎外として、作業速度や休み時間が固定された。そしてそれら以外の疎外として、労働者は自分の持ち場では独りきりであり、他者とのコミュニケーションは禁止された。[†5]

テイラーは、自身の労働管理システムが人間に害をおよぼすことを知らなかったのではない。

彼は、「わが友である労働者たちは、怒りで目をぎらぎらさせていた」と語ったが、新たな生産性によってより豊かになる働き手は、職場以外で繁栄の果実を享受すると考えたのである。フォード・モーターの創業者ヘンリー・フォードは、テイラーの労働管理法に飛びついた。労働者を退屈な流れ作業に従事させるには、彼らにできる限り高い賃金を支払う必要があると悟ったのである。苦しむ時間と楽しむ時間があるというわけだ。

厳しい役務をこなせば消費できるという工業世界の根底にある分裂症は耐え難くなった。人間を白痴化させる状況を生み出す労苦に、予期せぬ倦怠感が加わった。それは消費そのものに対する倦怠感である。一九五七年に出版されたロラン・バルト〔一九一五―八〇、フランスの哲学者・批評家〕の名著『神話作用』は、解放と見せかけた消費社会が「計算と秩序」[†6]というプチ・ブルジョワの幸せを約束した様子を、突拍子もないユーモアを交えて解き明かした。たとえば、一九五四年にパリで開かれた「第一回世界界面活性剤会議」では洗濯用洗剤「オモ」の成功が語られ、プチ・ブルジョワは歓喜した。バルトはこの様子に対して次のように述べた。「オモ洗剤は洗濯物を根こそぎきれいにするというじゃないか(……)、洗濯物に根っこがあるなんて思ってもいなかった。そのような文句によって、この洗剤を褒め称え、実際よりも素敵なモノに仕立てようとしている……」。次に、バルトはシトロエン社の有名な新型車DS〔一九五五年に発売〕について言及した。この車は自動車神話に変革をもたらしたという。それまで馬力を誇ってきた自動車が「現代の家政術にみられる家庭用品の洗練化にうまくマッチして居住的になった。たとえば、メーターパネルは工場の管理室というよりも近代的なキッチンを想起させる。くすんだ色の波打った鉄製の薄いボディ、白い球のついた小さなレバー、非常にシンプルなメーター表示、ニッケルめっきを施す慎み深さなど、これらは移動に関するある種の配慮であり、今後、移動には性能よりも快適さが求められるようになったのである……」。

バルトに薫陶を受けたジャン・ボードリヤール〔一九二九―二〇〇七、フランスの哲学者・思想家〕は、消費社会の根底には緊張が渦巻くと指摘した。消費社会は快適さとヒロイズムを求めているのだ。消費社会は、「この社会が意味する受け身な態度と、社会的な道徳（人々の行動と犠牲者に関する道徳）との間で引き裂かれる」[†7]。ボードリヤールによると、この矛盾の解決策は、メディアが劇的な報道をすることだという。テレビを前にした消費者の心理が、外界の破廉恥な出来事から「切り離される」必要があるのだ。そのためには、できる限り露骨に外界の暴力を示す必要がある。というのは、そうした光景を目にする者が自身に与えられた平穏さを堪能できるようにするためだ。「消費社会は、富と脅威に包囲されたエルサレムのような状態にある。これこそが消費社会のイデオロギーだ。それはベトナム戦争がもたらす極度の恐怖を前にくつろぐテレビ視聴者のイデオロギーである」。

「六八年五月」の一〇年後、アメリカの経済学者アルバート・ハーシュマン〔一九一五―二〇一二〕は、ボードリヤールの分析に立ち戻り、これにきわめて重要な補正を加えた。ハーシュマンは、消費社会に向き合う現代人の無気力を繁栄の結果の一つとして理解すべきだと考えた。人々が物質的な豊かさにうんざりすると感じるのは景気のよいときであり、予想を上回る富が創造されるときである。そのとき、人々は次元の高い満足を求め、ヒロイズムや寛大さを欲する。しかし、繁栄は常に相対的である。どんなに富を築いても、消費に対する欲望は満たされるとすぐにかき立てられる。だが、経済成長が低迷する時期では優先順位は反対になる〔ヒロイズムや寛大さよりも物質的な豊かさが優先される〕。危機は人々を利己的にし、自己の殻に閉じこもるように促す。こうして景気は低迷し、人々の士気は下がる。ハーシュマンによると、欲望は景気サイクルと正反対に動くという。すなわち、欲望は、経済成長率が高いときには誠実さを、不景気時には物質的な豊かさを求めるのだ。ハーシュマンは、この論理によって六〇年代の革命と同時に、その後に訪れる八〇年代の保守革命の到来を予見した。つまり、経済危機によって「プチ・ブルジョワの快適さ」が再び要求されるようになると看破したのである。[†8]

一九七八年の時点でハーシュマンが見落としたのは、六〇年代の経済成長は絶頂期を過ぎていたことだ。きわめて根源的な激変が経済成長とともに訪れようとしていたのである。すなわち、工業社会は衰退寸前だったのだ。六八年五月に打ち鳴らされたけたたましい警鐘により、人々の予想に反して、古くからある要塞の壁がぶち壊された。当然ながら、壁をぶち壊したのは「六八年五月」の支持者ではない。彼らは要塞の崩壊の責任を負うというよりは、その脆弱性を嗅ぎつけただけである。前代未聞のサイクルが始動しようとしていた。意味の喪失によって蝕まれたこのサイクルが世界中に広がるには、六八年から五〇年の歳月を要した。

若者は退屈しているのか

「六八年五月」が五〇周年を迎え、フランス全土でストライキが決行された熱狂の五月革命のイメージが生々しくよみがえった。パトリック・ロトマン〔一九四九―、フランスの脚本家〕は、「《六八年五月》を経験しなかった人々に向けて」五月革命を控え目かつ詳細に語った。厳密に言うと、パリの春は、学生による初の大規模デモが行なわれた五月三日に始まり、国民議会議員選挙が行なわれ、フランス人がバカンスに出かけた一九六八年六月三十日に終わった。「六八年五月」は、アルジェリア戦争の終結〔一九六二年〕と一九七三年の石油ショックのちょうど中間に位置する。非植民地化運動は最高潮に達した。ヨーロッパの救世主だったアメリカは、自国のイメージがきわめて悪化したことを見て取った。アメリカはラテンアメリカ諸国の独裁者を支援したため、ナチズムに勝利した世代の信頼を失った。[†9] アメリカの若者たちはベトナム戦争を嫌悪していた。厭戦ムードはアメリカ以外にも飛び火した。一九六八年二月十七日と十八日、ベルリンでは大規模な反戦運動が組織された。ダニエル・コーン＝ベンディット〔一九四五―〕、アラン・クリヴィーヌ〔一九四一―〕、アンリ・ウェベール〔一九四四―〕をはじめとする数百人のフランス人も、この反戦運動に参加した。ドイツでは、ルディ・ドゥチュケ〔一九四〇—七九〕が学生運動のリーダーだった。東ドイツ生まれの「赤いルディ」と呼ばれたドゥチュケは、資本主義にも共産主義にも与しなかった。メディアが激しい反学生運動キャンペーンを展開した後、ドゥチュケは襲撃された。彼は頭に銃弾を浴び、数日間生死の間をさまよった。†10

パリでは三月二十一日、ベトナム戦争反対のデモの際に、パリ大学ナンテール分校の一人の学生がアメリカン・エキスプレス社の窓ガラスを破壊した罪を問われ、火花が生じた。†11 翌日二十二日、行政機関が占拠された。三月二十二日の運動が始まったのだ。五月二日、歴史家ルネ・レモン〔一九一八—二〇〇七〕の担当する授業を含め、ほとんどの授業が中止に追い込まれた。学長グラッパンは閉校の決断を下した。ナンテール校の学生たちはソルボンヌ校へと向かった。今度はソルボンヌ校学長ジャン・ロッシュの判断で、ソルボンヌ校も閉校された。「六八年五月」の始まりである。

警察は大学構内に踏み込んで大学の自治を踏みにじった。パリでは五月三日から四日にかけて「バリケードの夜」が築かれた。学生運動は地方にも広がった。トゥルーズ、リール、ボルドー、マルセイユなどの地方都市では、数千人の学生たちが警察の弾圧に抗議した。五月十日の夜、学生たちはソルボンヌ校占拠に呼応してカルチエ・ラタンを「占拠」した。事態は白熱した。道路の石畳は、誰が命じたのでもなく剝がされた（「敷石の下は砂浜だ」は五月革命の有名なスローガンである）。午前二時、警察が突撃した。両陣営とも多くの負傷者を出した。翌日、労働組合は五月十三日のゼネスト決行を呼びかけた。ちょうど一〇年前にはアルジェリアでのデモによってフランス政府は崩壊し、ド・ゴールの復帰が要請されたが、今度はド・ゴール将軍が権力の座から引きずりおろされようとしていた……。

学生たちに労働者が加わった。ストライキは次第に拡大し、五月十四日から二十五日のわずか一週間ほどの間に、ストライキに参加する労働者の数は一〇〇〇万人に達した。親中派は、「労働者階級は学生のか弱い手から反逆の旗を受け継ぐ」という文句の踊る幟（のぼり）を翻した。五月二十二日、ダニエル・コーン＝ベンディットは、フランス国旗を引き裂いて、赤旗を掲げるべきだと宣言したため、国外追放処分になった。二十四日、学生たちは「われわれは全員、ドイツ系ユダヤ人だ」という有名なスローガンを掲げてデモ行進した〔コーン＝ベンディットがユダヤ系ドイツ人だったため〕。

首相ジョルジュ・ポンピドゥーが権力側の反撃を組織したのは五月二十五日だった。ポンピドゥーは、労働省において労働組合との交渉を開始したのだ。フランス共産党の仲介でソビエト連邦政府からの支援を取りつけたと思われるフランス労働総同盟（CGT）〔フランス最大の労働組合連合組織〕は、交渉を有利に進めた。五月二十七日未明、セバスティアン・シャルレティ競技場〔パリ南部〕で新たなデモが準備されたが、交渉は、フランス民主労働総連合（CFDT）のライバルたちの支援を取りつけ、ピエール・マンデス＝フランスの庇護の下、なんとか合意に達した。賃金の七％上乗せ、最低賃金の三五％引き上げ、そして企業の労働組合支部設立の承認である。

五月二十九日、ド・ゴールが姿を消した。彼はドイツでマシュ司令官に秘密裏に会ったのである。

週刊誌『パリ・マッチ』は、ド・ゴール大統領がヘリコプターから降りる瞬間をとらえた写真を掲載した。写真の大統領は、取り乱した表情で憔悴した様子だった。だが五月三十日、大統領は主導権を取り戻した。ポンピドゥー首相に後押しされたド・ゴール大統領は、国民議会の解散を宣言したのである。そのとき、アンドレ・マルロー〔一九〇一―七六、フランスの小説家・政治家〕を筆頭にド・ゴールを支持する数十万人規模のデモが行なわれた。ストライキはその後、三週間続いた。シトロエン社は六月二十四日、ルノー社は二十七日に操業を再開した。六月末、フランス政府は国民議会議員選挙で圧倒的な勝利を収めた。ガソリンスタンドは再開し、フランス人は週末にドライブできるようになった。五月革命が終わったのである。

ラジオ番組『じゃあまたね』

「六八年五月」が「説く」重々しい事実とは、人口学的・社会学的な観点から見た若者の新たな影響力である。フランス人口の三分の一は二十歳未満だったのだ。若者人口は「年寄り（六十歳以上）」人口の二倍に相当した[†12]。学生の数は、一九六〇年の二倍、一九四六年の五倍にまで増加した。「若者と反体制派」の文化が誕生したのである。イギリスの労働者階級が暮らす都市部郊外から登場したビートルズとローリング・ストーンズが、エルヴィス・プレスリーやチャック・ベリーとともに、五〇年代のアメリカに登場したロックンロールを定着させた。フランスでは、ジョニー・

アリディ、シルヴィ・バルタン、リシャール・アントニーらが、アングロサクソンの音楽をフランスにもち込んだ。エドガール・モラン〔一九二一―、フランスの哲学者・社会学者〕の表現によると、「ディオニュソス的〔激情的〕な誘因と爆発力」が「イエイエ世代」の表現をつくり上げたという。ロック音楽とそのフランス・ヴァージョンは、歴史と束縛の重みをもつ悲痛な古き社会と決別するという、新たな無頓着さを表現した。若者は、フランスのラジオ番組『じゃあまたね』や、イギリスの海域外に停泊する船舶から放送される海賊放送『ラジオ・キャロライン』を熱心に聞いた。

社会学者ジャン＝ピエール・ル・ゴフは次のように語った。「旧世界と新世界との転換点には若者がいた。子供から大人になる難しい時期にある若者は、変革期のフランスと共鳴した」。若者の状況は、二つの点において卓越していた。第一に、彼らの世代は他の年齢層と比較して人口が多かったことだ。戦後、人々はいたるところで、そして同時に、子供をもちたいと願った。こうしてベビーブームが巻き起こったのである。しかし、若者が互いに出会ったのは、家庭でなく、高校、大学、工場においてであった。第二に、彼らは若者向けのテレビ番組で教育を受けた初めての世代でもあった。カウンターカルチャーの代表者の一人アビー・ホフマン〔一九三六―八九、アメリカの政治活動家〕は、「三十歳を過ぎた奴は誰も信用するな（ドント・トラスト・エニワン・オーバー・サーティー）」と訴えた。

ヴィアンソン＝ポンテ〔『ル・モンド』の論説委員〕は、「フランスの若者たちは退屈している」と切り捨てた。「学生たちはデモに参加し、行動を起こした（……）。彼らは、自分たちの声を聞き入れてもらうことに成功し、少なくとも不条理に対抗する不条理な感覚を訴えたと感じた。フランスの学生は、ナンテール校の女子学生が（……）男子寮に自由に出入りできるようになるのかを心配している」。このジャーナリストは、「六八年五月」のもう一つの有名なエピソードをほのめかしたのである。一九六八年一月八日、ダニエル・コーン＝ベンディットが、ナンテール校のプールの除幕式に訪れた青年・スポーツ省の大臣フランソワ・ミソフに話しかけ、青年・スポーツ省が発表したばかりの報告書には若者の性に関する記述がないと非難したのだ（ミソフ大臣は、君が性について悩んでいるのならプールに飛び込めと、この抗議を軽く受け流した……）。

しかしながら、ヴィアンソン＝ポンテが嘲弄したかったのは、「六八年五月」によって浮上した重要な問題の一つだった。すなわち、大学寮の男女隔離や、大学構内での政治活動の（建前上の）禁止など、大学の時代遅れの禁止事項であった。学校では女子はまだブラウス姿だった。アメリカでは、女学生は一七時を過ぎると大学の図書館から退出しなければならなかった。フランスで産児制限を容認するニュヴィルト法が（苦難を経て）制定されたのは一九六七年である。女性が夫の承認なく銀行口座を開設できるようになったのは実に一九六五年である。フランス革命から二〇〇年が経過しても、女性はほとんどの法的手続きに関して夫の監督下に置かれていたのである。社会の多くの階層と同様に、女性にとって、自立や自由は形ばかりのものでしかなかったのだ。一九六五年から一九八五年までを「第二のフランス革命」と表現する社会学者アンリ・マンドラーズ〔一九二七－二〇〇三〕は、「法律と習俗との間に風穴があいた」と述べた。しかしながら、女性解放が盛んに議論されるようになったのは、おもに人工妊娠中絶が合法化された七〇年代になってからである。歴史家ミシェル・ペロー〔一九二八―〕が語ったように、「六八年五月」は、女性や彼女たちの渇望をほとんど考慮に入れていなかったのである。[†13]

他国と比較した場合に浮き彫りになるフランスの特異な点の一つは、学生と労働者の闘争が収斂（しゅうれん）したことだ。フランス共産党は「極左主義者」に敵意をもっていたのにもかかわらず、若い労働者と学生の出会いが生じたのである。リュディヴィーヌ・バンティニーの調査によると、五月二十四日夜に警察が不審尋問した八〇〇数名のなかには、労働者が九五人、組立工、実験助手、機械工、冷凍技師などの技術者が六〇数人含まれていたという……。[†14] 彼らは、全員が十八歳から二十四歳までの若者だった。ジャン＝ピエール・ル・ゴフは自身の青年時代を振り返り、昔を懐かしむように、この儚いコミュニティを次のように解説した。「労働者と学生が団結したというのは伝説だ。警察の弾圧に対する思いは同じだったにせよ、それは労働者が徒党を組んだ政治色のある若者と接触しただけである。しかし、われわれには共通点があった。若い労働者は、組合で活動する労働者という従来のイメージにあまり大きな意義を見出さなかった。彼らは自身の価値が低下したという思いを抱きながら流れ作業を耐え忍んだ。一方、われわれは非人間的なつながりのなかに大学を見出した若者だった。社会的な立ち位置が異なっても、われわれ全員は、新たな世界において都市部や農村部をさまよう根無し草のような存在だった[†15]」。

ル・ゴフが一九九八年に出版した著書[†16]で明らかにしたように、「六八年五月」に関する大きな誤解の一つは、学生が自分たち自身にあてがった役割に起因する。学生は労働者の運動の前衛部隊になることを夢見た。だが、現実はほとんど正反対だった。若き労働者がブルジョワ育ちの若者を羨んだのだ。クリスチャン・ボードロ〔一九三八―、フランスの社会学者〕とロベール・エスタブレ〔一九三八―、フランスの社会学者〕は、こうした見方を彼ら独自の方法で次のように説明した。長年にわたって、若い労働者は工場で働くために学業を断念した一方で、ブルジョワ家庭で育った若者は、大学やグランドゼコールに進学するため、つまり、権力を手に入れるために自分たちの両親のもとでぬくぬくと過ごしていた。「片や歳をとるのが我慢できなくなり、片や人間味ある文化を身に着けるようになったのである[†17]」。二つの社会的な空間に交流はなかったが、双方の若者は、それぞれ独自の尊厳をもっていた。就職する年齢に近づくと、社会的なゲームから疎外されると感じる若者の数が増加した。双方に共通する不確実な領域ができあがったのである。

この時代を通じた大きなショックの一つは、学業期間の長期化である。労働市場の新規参入者は、学業期間を長期化させれば社会的な昇進が約束されると夢見たが、すぐに幻滅した。学業の民主化は学生身分をプロレタリア化させたのである。一九六七年にシチュアシオニスト・インターナショナル（国際状況主義者連盟）〔前衛芸術家や知識人らによって形成された社会革命的国際組織〕が発表した『学生たちを取り巻く貧困』というタイトルの文書には、「フランスの学生は、警察官と聖職者に次いで社会で最も軽蔑されている。われわれはそう断言できる[†18]」と記してあった。社会学者ピエール・ブルデュー

〔一九三〇—二〇〇二〕によると、五月革命の暴動が最も激しかったのは、学位と労働市場の不一致が著しい社会学や心理学などの学部の校舎だったという。ブルデューは、「知的プロレタリア階級は不幸な人々であり、彼らはきわめて危険な存在だ」と付言した。彼らは、「中国の文化大革命、中世の異端、ナチス登場前の運動とナチス、さらにはフランス革命」などに見出せる、歴史に残る暴力において決定的な役割を担った層である。ブルデューは、「わずかな裂け目であっても見逃さずに身を投じる準備が常にある下位聖職者の恨み」[†19]について語ったのである。

学生の反乱は、カリフォルニア大学バークレー校やコロンビア大学から始まり、ダニエル・コーン＝ベンディットとアラン・ジェスマール〔一九三九—〕が演説したロンドン・スクール・オブ・エコノミクスなど、ヨーロッパ中の大学に広がった。この事実は、学生の反乱はフランスの大学の機能不全に対する単なる回答ではなく、より根源的な意味をもつ。経済学的な見地に限っても、五月革命の世代が学業の民主化の犠牲者だったとは言えない。社会学者ルイ・ショヴェル〔一九六七—〕の著作を読むと、それは正反対だとわかる。六八年五月に二十歳だった若者たちの社会人としての歩みは、その後に生じる経済危機にもかかわらず、並はずれて恵まれていた。もちろん、彼らはそれを後に悟るのだが……。[†20] 社会的な格下げ〔学歴と就職のミスマッチ〕に見舞われたのは、次の世代、すなわち、二回目の大学の民主化を経験した八〇年代の世代である。エリック・モーラン〔一九六二—、フランスの経済学者・社会学者〕は、六八年五月に大学入学資格を取得した若者に対する統計調査を行なった。この調査によると、当時、当局は平和を維持するためにこの資格を気前よく授与したという（合格率はほぼ一〇〇％）。彼らのその後の社会人としての歩みも、他のコーホート集団〔別の期間に大学入学資格を取得した集団〕と同様に恵まれていた。「下駄を履かされた」バカロレアであっても、バカロレア資格の取得者は、社会的に高い地位に就くことができたのである。

ところが、五月の学生運動が政治危機に至ったのはフランスだけである。フランスのド・ゴール体制は、他の先進国よりも政治的にきわめて脆弱であることが明らかになったのだ。ド・ゴールは、「共産主義者とわれわれには何の共通点もない」と説いた。この何もないところから生まれたのが、圧倒的な権力に対抗する反権力を強く主張した「六八年五月」である。政府と労働組合の代表との間で六月に締結されたグルネル協定のパラドックスは、質的危機の様相を呈しはじめた事態を、量的要求に仕立て直すために政府の手助けをしたのは労働組合だったことだ。彼らは最低賃金と労働者の給料を引き上げるグルネル協定によって、上昇しはじめた日常の需要を購買力に変えようと模索した。フランス労働総同盟（CGT）とポンピドゥー首相がそれぞれの事情に基づいて恐れたのは、学生の観念的な陶酔が労働者に感染することだった。当時、話題になった短篇映画『ヴォンデール社工場の操業再開』では、泣きじゃくる一人の女性が登場する。祭りが終わったと知った彼女は、職場に戻らなければならないのだ。彼女は、賃金が上がっても単調な暮らしから生じる苦痛はまったく軽減しないだろうと嘆いたのである。

マルクスあるいはフロイト

「六八年五月」は一枚岩ではなく、そこには少なくとも二つの傾向があった。リュック・ボルタンスキー〔一九四〇―、フランスの社会学者〕とエヴ・シャペロ〔一九六五―、フランスの社会学者〕が提唱する分類学は、「芸術的な批判」と「社会的な批判」とに切り分ける。[†21]前者は消費社会を、後者は生産秩序を糾弾した。性的な問題をはじめとするブルジョワ社会の偽善的な慣習に反抗する者がいた一方、労働搾取や工場の労働環境を糾弾する者がいた。「社会的な批判」は、労働者階級の救世主的な役割を担おうとした。一方、「芸術的な批判」は、豊かさは物質的なものではなくなるのだから、プロレタリア階級が無用になる社会を築こうと願った。両者に共通点はあったのか。

アルチュール・ランボーのポスターがチェ・ゲバラのものと同様にパリの街頭に貼られたように、「芸術的な批判」は、アルチュール・ランボーの反抗精神だった。この批判の矛先は、エゴイズム、つまり、ご都合主義を養うブルジョワ階級に向けられた。この批判は、芸術家の無欲な創造と商業社会の「所有権」に基づく暮らしぶりを対立させた。ボルタンスキーとシャペロは、この批判と近代性には個人主義という共通性があると指摘する。ブルジョワの愚かさや物質主義に敵意を抱いたスタンダール、フロベール、ボードレールは、パリを愛し、地方を嫌った。フロベールは地方を「愚劣な場」と蔑(さげす)んだ。「芸術的な批判」の推進役を担ったのは、おもにシチュアシオニスト〔状況主義者〕だった(彼ら自身も、社会問題に関して自分たちが二派に分かれて対立することになるとわかっていた)。「想像力が権力を奪う」というスローガンを掲げたオデオン座の占拠は、「芸術的な批判」の戦功の一つである。この思想の師ギー・ドゥボールは、一九六七年に出版したカルト的な著作『スペクタクルの社会』のなかで、資本主義は演劇のように全員に役割が割り振られた見せかけの組織だと糾弾した。[†22] 一九七二年、「シチュアシオニスト・インターナショナル」は、「状況主義(シチュアシオニズム)が革命の最悪のイデオロギーになる」のを恐れ、解散を宣言した。

「六八年五月」の二つめの側面は、この革命が示唆することを理解するためにボルタンスキーとシャペロが提唱したもう一つの用語である、資本主義に対する「社会的な批判」によって育まれた。労働搾取というマルクスの告発を拝借し、無階級社会の到来を宣言した「社会的な批判」は、レーニンの十月革命や毛沢東の文化大革命から語彙を借り受けた。一部の学生は、労働者階級を賛美し、工場で働いた。エコール・ノルマル・シュペリウール〔フランスのエリート校〕の元学生で哲学者ルイ・アルチュセール〔一九一八—九〇〕の弟子だったロベール・ランハー〔一九四四—、フランスの社会学者〕は、工場での体験を綴った著書『自己の確立』のなかで、自身の娘に対し、自分が「暗闇や騒乱の地域で暮らす、すべての人々を飢餓から救う光り輝く道筋」を探しに出かけた様子を語って聞かせた。一方、娘のヴィルジニー・ランハー〔一九六六—、フランスのドキュメンタリー映画監督〕

も「六八年五月」という溝のなかで育った少女としての自己の人生を物語った。彼女の人生は、左派の父親と芸術家の母親との間で引き裂かれたのだ。彼女は次のように綴った。「《六八年》とともに、私の両親は、すべては可能だと考えた。私の父のように自己を確立するために、当時は十九歳でエコール・ノルマル・シュペリウールに入学し、二十四歳でシトロエン社の流れ作業の工員として就職することができた（……）。父は、自分が時代の流れを変えたと信じるあの時代から抜け出そうとしない」。「六八年五月」の奇跡とは、「社会的な批判」と「芸術的な批判」との危険をはらんだ出会いがあったことである。つまり、われわれは、資本主義を労働者と同時に芸術家の立場から批判できたのである。[†23]

アメリカの社会学者ダニエル・ベル〔一九一九―二〇一一〕は、一九七六年に出版した『資本主義の文化的矛盾』〔林雄二郎訳、講談社、一九七六年〕において資本主義を、秩序と禁欲の理想が宿る生産領域と、「洗練された魅力とセックスのイメージによって快楽主義的な暮らしを促進させる」マーケティングや広告宣伝が宿る消費領域との間に生じる恒常的な緊張感として分析した。一方は服従を、他方は成熟を促す。両者が共存できなくなる時期が訪れたのである。ベルの考えでは、こうした「文化的な矛盾」は、ブルジョワ階級内部の矛盾を受け継いでいるという。すなわち、それは道徳的な秩序と、ブルジョワ階級自体が生み出す経済的な無秩序との整合性をとろうとする矛盾である。[†24]「文化的な矛盾」がマルクスの分析対象の中核である経済的な矛盾に取って代わるのだ。『資本論』の著者マルクスにとって、ブルジョワ階級が豊かになるには、プロレタリア階級は貧しいままでなければならない。資本主義が約束する繁栄という理想を実現するには、プロレタリア階級を厄介払いする必要がある。だが「問題」は、「黄金の三〇年」〔戦後の高度経済成長期〕によって労働者を豊かにする資本主義の思いがけない能力が明らかになったことである。最高潮に達した消費社会において、プロレタリア階級の貧困に関する議論に耳を傾ける者はいなくなった。

しかしながら、ベルの「芸術的な批判」に基づく分析とは正反対に、「芸術的な批判」にとって耐えがたくなったのは、自由や成熟をもたらすはずの消費社会が引き起こした白痴化であった。文化的な成熟という考えは幻想だったのである。というのは、消費は繰り返しと退屈をともなう流れ作業のもう一つの様相だったからだ。ようするに、ベルも説明したように、糾弾されたのは、労働者の貧困よりも工業社会による非人間化だった。「芸術的な批判」と「社会的な批判」は、工業社会の標準化、つまりテイラー化〔科学的管理化〕を拒否する点で一致したのである。

エロスと文明

世界中の知識人は、マルクス主義を見直すべきだとすぐに悟った。それは、欲望やよろこびに関する新たな考察によってマルクス主義を補完するためだった……。哲学者ヴァンサン・デコンブ〔一九四三―〕は、これを「マルクスをフロイトで補う」と要約した。

フランクフルト学派をカリフォルニアの大学にもち込んだ社会学者ヘルベルト・マルクーゼ〔一八九八―一九七九〕の『一次元的人間』〔生松敬三他訳、河出書房新社、一九八〇年〕と『エロス的文明』〔南博訳、紀伊國屋書店、一九五八年〕は、フロイトの弟子だったヴィルヘルム・ライヒ〔一八九七―一九五七〕の著書『セクシュアル・レボリューション――文化革命における性』〔小野泰博他訳、現代思潮社、一九七〇年〕のように、まさに「マルクスをフロイトで補う」役割を担った。ライヒは、性欲が抑圧されると、革命のための闘いが妨げられると述べた。マルクーゼによると、「本能的な欲求」を抑制する文明は断罪されるというフロイトの考えは、歴史的に見て時代遅れであり、過去のものかもしれないという。「理性と本能」を折り合わせることができるのなら、抑圧のない文明は可能だというのだ。

マルクーゼの論証の出発点は、社会的に有益な活動のためにリビドー〔性衝動を発動させるエネルギー〕を犠牲にするのは文明の基盤だというフロイトの理論である。現実原則の勝利は、超自我〔道徳面で禁止的役割を担う〕の発達とともに人間の心理を変化させる。超自我の発達により、人間は自分が行なったのではない行動に対して自分自身で自己を罰する。そうは言っても、快楽原則と現実原則は絶対に相容れないのか。マルクーゼが第一に指摘するのは、自己の欲動を制御する能力、つまり、生理的な欲求を文化的に建設的な欲望に変える力は、満足感を損なうというよりも高めるということだ。したがって、暗黙の了解により、人間心理の敵である二人の兄弟、すなわち、超自我と、フロイトが欲動の腰掛けと見なすイド〔エスとも言う。リビドーの貯蔵所であり、快楽原則に従って快を求め不快を避ける機能を持つ」が結びつくのだ。欲望の昇華は、必ずしも抑圧的ではないのである。

次に、マルクーゼは、欠乏は現実原則の勝利を確約する強力な原動力の一つだと指摘した。「社会の成員が働かずに暮らせるだけの生計資力を充分にもたない社会は、性行動のエネルギーを労働に注ぐように強いる」。分業の発達とともに、「人間は自身の生活を実践せずに、すでに確立された役割を満たす。《生産性の原則》の下、身体と精神は疎外された労働の道具になった」。マルクーゼによると、「自由時間」さえも生産性の論理に従うという。たとえば、「バカンス自体、明日の労働のためのエネルギーを再びつくり出す」ものなのだ。

しかし、「生産性の原則」は生理的な欲求の領域に属しているのではない。（この原則の結果と言える）物質的な繁栄とともに、労働時間の量的な削減は、人間的な存在の質的な修正を促すかもしれない。ここでは、マルクーゼは「芸術的な批判」と同じ標的に焦点を定めた。豊穣な社会における物足りなさという幻想を維持するのは、消費社会であり広告宣伝である。消費社会から抜け出すことができるのなら、「抑圧的な理性は、理性と幸福が収斂するだろう満足の新たな合理性に席を譲る」。そうなれば、「欲望をそそることと良識的なこととのつながり、つまり、本能と理性との関係」の修復が可能になるだろう。「非抑圧的な昇華」が資本主義の「抑圧的な非昇華」に取って代わるのだ。マルクーゼの論証に従うと、われわれが望むのなら、物質的な繁栄はブルジョワ社会の根底にある抑圧を解消させることができるのだ[†25]。

フレンチ・セオリー

マルクーゼとライヒが提唱する「性的な抑圧」と「経済的な支配」とのパラレリズムは、「六八年五月」の知的基盤の主要部分である。当時の知性のパラドックスは、フランスのインテリはこうした考えをあまりにもナイーブだと捉えたことだ。哲学者ヴァンサン・デコンブが著書『同一と別物』において説明したように、「フロイト－マルクス主義」の骨子である性的な抑圧を社会的な抑圧と同等に扱うことは、「すばらしい自然、高貴な野蛮人、悪い社会という十八世紀の愚行の繰り返し」に思えたのだ。十八世紀の知性のパラドックスとは、反体制派に影響をおよぼしたとされる偉大な思想家たちは、実際の出来事の重要性にきわめて懐疑的だったことである。

「フロイト学派」の創始者で思想界の権威的な存在だったジャック・ラカン〔一九〇一―八一〕は、五月革命の支持者らの革命に関するロマン派的な信条に対してまったく寛容でなかった。たとえば、ラカンはヴァンセンヌ大学〔パリ地方のヴァル＝ド＝マルヌ県の都市にある大学〕の新入生に対して、「私は反進歩主義者だ。君たち革命家が憧れているのは支配者だ。支配者は見つかっただろう」と言い放った。ラカンによると「欲望は不可能に根源をもつため、夢でしか満たされることがない」という。禁止事項をつくる社会は、不可能なことはどこか別の場所で満たされると吹聴しながら現実には個人を宥める……。ラカンはこのパラドックスを次のように発展させた。ここではデコンブの解説を紹介しよう。ある母親が空腹のわが子に食べ物を与えるとき、母親は欲求を満たす以上のことを行なう。すなわち、わが子に対する愛の立証である。だからこそ、親子関係には欠乏や不足の出現が「不可避」なのだ。母親は空腹やのどの渇きを癒すことはできても、愛を証明するのに充分なプレゼントは存在しない。[†26] 愛の要求には際限がなく、双方から常軌を逸することがあるため、絶対的な対象（欲望の対象）の蜃気楼が浮かび上がる。この蜃気楼が生じる空隙を埋めることになる。しかし、この対象は架空の神話であり、満たすことのできない要求である。「性の解放」では何の解決にもならないのだ。「大文字の他者」の（欲望の）欲望は、永遠に抑えることができないのである。[†27]

ラカンは構造主義派のフランスのインテリの一人である。言語学から着想を得たこの手法は、サルトルの実存主義にもマルクスの物質主義にも与せず、社会分析を刷新した。ラカンに影響を受けた偉大な思想家の一人が人類学者クロード・レヴィ＝ストロースだ。レヴィ＝ストロースも、社会機能に関する斬新な分析を提唱するために言語学のアプローチから着想を得た。レヴィ＝ストロースは次にように記した。「われわれは言語学によって意識と意志の外側の存在になれる。言語は、人間の知らない言語理性をもつ人間的な理性である」。

レヴィ＝ストロースの考えた、知らない間に社会を「保つ」ものとは何か。その答えは神話である。神話は個人に対し、言語という形をとり、社会的な規模で機能する。個人はそうした神話によって共同体に統合されるのだ。たとえば、ある病人が耐え難い突拍子もない痛みを覚えるとき、「呪術師は、個人の体験と共同体の論証とのこの不和の解決を担う。シャーマンは、神話に訴えることによって、全員が参加する集まりにおいて（呪術師に）取って代わる」。デコンブはこれを次のように要約した。「生活の粗暴な要素を飼い馴らし、異質を同化し、非常識に意味を与え、突飛もないことを理にかなったものにする。ようするに、他者を同じ言語で解釈するのだ。そこが神話とイデオロギーが作用するところなのだ」。

このように分析できる現代社会を自立させる西洋の神話とは何か。レヴィ＝ストロースの回答は次の通りだ。すなわち、「大文字の歴史」は、未来は現在よりもすばらしく、歴史は一つの論理に従うという考えを信じこませようとする。レヴィ＝ストロースは、サルトルを批判した著書『野生の思考』〔大橋保夫訳、みすず書房、一九七六年〕の有名な章において、未開人が永遠の過去を信じるように、現代人は歴史と進歩という考えを信じると説明した。レヴィ＝ストロースは「サルトルにとって、歴史はまさに神話の役割を演じている」と説いた。しかしながら、次のように付言した。「歴史の概念は人間性の概念に相当するという考えを認めるべきではない。各人の個人的なアイデンティティに《一貫性》がないとしても、人間は共同体における自由が幻想だとは気がつかないだろう†28」。

構造主義者は「反人文主義」を表明した。それは哲学者ルイ・アルチュセールの論証形式を踏襲するためであり、彼らはマルクスを新たな解釈で読み直すことを提唱したのである。レヴィ＝ストロース、フーコー、アルチュセール、ラカンは、人間は自己を決める構造の産物であって、自身の行動の主体ではないと考えた。フーコーは、個人は「社会のイデオロギー的な表象に関する架空の原子」のようなものだと述べた。フランスの構造主義者は、工業社会の後には非抑圧的な世界に向けて人間が解放されると信じたマルクーゼの楽天主義とは程遠く、工業社会の終わりに救済の歴史という西洋の神話に関する最後の分身を見出したに過ぎなかったのである。

サルトルの報復

コルネリュウス・カストリアディス〔一九二二―九七、ギリシア出身の哲学者・経済学者〕が要約するように、構造主義派の思想は、人間は自分自身の創造に対して無力だという公準を起点にする。個人を閉じ込める「構造」というこの考えは、工業社会自体とテイラー主義がその成員に課す厳格な分業をまざまざと想起させる。当時、工業社会が砕け散ることなど、先見の明をもつ者でさえ思いもよらなかった。建築家ロラン・カストロは、ヴィルジニー・ランハーに五月革命世代について尋ねられ、次のように答えた。「彼らはマルクス主義に科学万能主義的な強い思いを抱き、六八年に明らかになったことを逸した。それは個人である。六八年は怒り狂った個人だったのだが、彼らは六八年とは何の関係もない思想に束縛された」。

実際に「六八年五月」により、レヴィ＝ストロースやフーコーの知的勝利よりも、サルトルの報復と彼の自由に関する哲学が強調された。哲学者セルジュ・オディエは次のように述べた。「五月革命の騒動には、意外さと思いつきとともに、サルトルがレヴィ＝ストロースに報復するための充分な材料があった」。たしかにサルトルの分析は、五月革命の要求と「見事に合致する」。

すなわち、革命的な「融解的集団性」においてこの「集列性」〔ともにサルトルの用語〕を壊す手段を見出すというサルトルの分析の中核にあるのが、「孤独、コミュニケーションの不在、消費社会が原因の孤独感」である。結局のところ、レヴィ＝ストロース、バルト、フーコーなどの学者の著作よりも、ゴダールの映画のほうが六〇年代の雰囲気をうまく表現したと言えよう。エドガール・モラン、クロード・ルフォール、コルネリュウス・カストリアディスなど「六八年五月」を好意的に語る解説者は、五月革命の「自治と直接民主主義という理想」を、社会をいまだに構造化していた「官僚主義と封建主義」に対する批判と解釈したのだろう。

これらの哲学論争は、七〇年代から始まった工業社会の孤独感とともに、懸念される度合いを強めながら継続した。知的および政治的に彷徨する時代が始まったのだ。脱工業社会と呼ばれるようになる社会は、カストリアディスの表現を用いると、それまでの社会に代わって新たな「想像上の社会」を築かなければならない。そのためには、数多くの新たな「神話」は「六八年五月」が生み出した語彙から言葉を取り出すことになる。だが、リサイクルされるのはモノでなく言葉なのだ。

第2章　失われた幻想（3つのステップその1）

「六八年五月」により、矛盾に満ちた瞬間は際立った。経済危機は差し迫っていたが、脱物質主義社会の到来は間近だと思われたのだ。豊穣の時代の後には不作の時代が訪れる。いくつかの懸念される徴候にもかかわらず、「六八年五月」後の五年間は、年率五%を超える力強い経済成長を謳歌しつづけた。一九七三年、フランス経済は六%という夢のような成長率を記録したが、これが最後の幸運な年になった。七〇年代中ごろから、先進国は苦々しい幻滅を味わったのである。経済学者ポール・クルーグマン〔一九五三―〕は、著書『クルーグマン教授の経済入門』のなかで、この時代を「手中に収めた、さらには過剰と思われた物質的な繁栄が、突如として不確実になった」と描写した。[†1]「黄金の三〇年」の経済成長は、それを再びどのように見出せばよいのか誰もわからないままに、プルーストの作品に登場するアルベルチーヌのように消え去ってゆくのだった。

一九七三年十月、エジプトとイスラエルとの間で行なわれたヨム゠キプール戦争〔第四時中東戦争〕により、石油輸出国機構（ＯＰＥＣ）は減産を決定し、原油価格は高騰した。先進国の経済成長は突如失速し、それまでの経済成長率に戻ることはもうなかった。当時の人々が石油ショックによって根源的な変化が覆い隠されたことを理解するには時間を要した。戦後の輝かしい経済成長は、今日の中国のように、ヨーロッパがアメリカに追いつくまでの出来事だったのだ。ヨーロッパ人の生活水準がアメリカ人のものへと近づくにつれて、早晩、経済成長が途切れることは避けがたかったのである。ところが当時、そのように予測した経済学者はほとんどいなかった。経済成長を謳歌した旧体制での大量生産に基づく生産性の向上は、アメリカでも限界に達していた。労働者に対して「働けば稼ぎが増える」と呼びかけることからなるフォーディズムに関連するあらゆる論理は、息切れを起こしたのである。後に経済学者ロバート・ゴードンが分析するように、電気や内燃機関の普及とともに邁進した経済成長の原動力はその役割を終えたという事実に向き合わなければならなかったのである。[†2]

ガルブレイス〔一九〇八―二〇〇六〕の著書『豊かな社会』〔鈴木哲太郎訳、岩波書店、二〇〇六年〕の表現を用いると、「黄金の三〇年」は、生産の増加が再分配の代わりをした時代だった。社会システムの調整役を担ったのは、政府でなく労働組合だった。労働組合の影響力の強かった労働者の砦は、経済危機とともに次々と閉鎖された。労働者階級の首きりが始まったのだ。労働者の砦の象徴だったビヤンクールにあるセガン島〔パリの西側。ルノー社の自動車工場があった〕、ロレーヌの製鉄業、フランス北部の鉱山は、七〇年代末と八〇年代に閉鎖された。ヨーロッパとアメリカの工業地帯は消えつつあった。繊維と炭鉱で栄えたフランス北部は、脱工業化によって荒廃した。アメリカではマイケル・ムーア監督が、映画『ロジャー&ミー』(ロジャーは、ゼネラルモーターズ会長であるロジャー・スミスの名前）でミシガン州フリントの状況を紹介した。ムーア監督の故郷でもある労働者の街フリントは、自動車産業〔GM〕の経営危機によって荒廃した。この街の新たな雇用先は工場でなく刑務所になり、一部の労働者は刑務所の看守になった。

脱工業化は、さまざまな要因が凝集する複合的な現象だった。工業はいわば自己の成功の犠牲者であった。かつての農業のように、工業は自身が生み出した生産性の向上により、利潤の乏しい産業になってしまったのだ。工業は製造コストを削減しながら価格低下を実現した。当初、これは工業に有利に作用した。自動車やクォーツ時計が安価になると、誰もがこれらの製品を購入できるようになる。こうした傾向は需要を喚起し、生産活動を後押しした。だが、誰もがマイカーをもち、自家用車の保有率が一〇〇%に近づくと、生産性の上昇によっても、雇用は以前ほど必要なくなった。価格低下は需要を刺激し続けたが、それは生産性の上昇よりも鈍かった。リオネル・フォンタニエ〔一九五八―、フランスの経済学者〕とエルヴェ・ブルオール〔フランスのエコノミスト〕の研究[†3]によると、このプロセスが工業の雇用に不利に作用しはじめたのは、フランスでは六〇年代だったのではないかという。この臨界点を超えた工業は、生産性が高まるにつれて工場の人員を減らした。すなわち、価格効果は工業製品の需要を維持したが、雇用を維持するには充分ではなかったのだ。ロウソーン〔一九三九―、イギリスの経済学者〕とラマスワミー〔一九八五―、アメリカの起業家〕のアメリカの工業に関する研究からも、同様の結果が得られた[†4]。

工業の衰退は、工業が自分の姿に似せてつくった社会の衰退でもあった。工業の衰退とともに、技術者や職長を通じて企業の幹部と流れ作業の工員が硬直的ながらも団結する、つながりのある社会も消え失せた。資本主義は電気と内燃機関が提供する生産性の向上を使い果たしたため、生まれ変わらなければならなかった。終わりの見えない不確実な時代が幕を開け、賃上げの約束はリストラや失業の脅威に席を譲ったのである。鞭（むち）が飴（あめ）に取って代わったのだ。

『さらば、プロレタリアート』

工業が衰退すると、人々は「社会的な批判」が社会変革の前哨に置いた労働者階級に希望をもてなくなった。フランス最大の労働組合だった労働総同盟（CGT）の書記長ジョルジュ・セギは、一九八一年のフランソワ・ミッテランが選出された大統領選時に、次のような実に単純な考えを表明した。「製鉄業が国有化されれば、労働者は公務員として保護される。よって、この産業分野での雇用喪失は心配しなくてもよい」。しかしながら、経済原理は崇高な思いよりも強い影響力をもつ。政権についた左派〔ミッテラン政権〕は、自身の意に反して工業危機の管財人になった。大統領に就任したミッテランは、製鉄業を救済するとの選挙公約に反し、製鉄業を見捨てる決意を固めざるを得なかった。このとき以来、工場で働く人々は、フランス左派との連帯を再考することになった。

知的な分野では、労働者階級はエコロジストの台頭とともに自分たちのオーラも失った。

脱物質主義の世界を望む「芸術的な批判」と、労働運動の優位を主張する「社会的な批判」との矛盾は明白になった。政治的なエコロジーの理論家アンドレ・ゴルツ〔一九二三―二〇〇七〕は、一九八〇年に出版した著書『さらば、プロレタリアート』において、厳しい調子で過去の誤解を告発した。ゴルツは次のように記したのである。「資本主義の超越、つまり、異なる合理性の名における資本主義の否定は、プロレタリアートに起因するのではない。工業体制の危機によって、新たな世界の到来が告げられることはない。工業体制の危機に、救済的な超越が刻み込まれることはないのだ」。

ゴルツの標的は、プロレタリアートは疎外されるがために革命勢力になるというマルクスの分析だった。実際に、マルクスにとって「労働者の力が世の中と歴史の源泉として現われるには、労働者はすべてを奪い取られた状態でなければならない[†5]」のだ。マルクスは、労働者の境遇を職人のものと対比させた。たしかに、職人は自身の製品、たとえば靴職人の場合では、靴を売る際に人間性を奪われる。なぜなら、職人は市場が決めるモノの価格と量に影響をおよぼすことができないからだ。しかし、靴をつくるときの職人は、自身の作品づくりの主人でありつづける。職人は自身を自由な存在だと信じることができるのだ。マルクスの考えでは、この限定された主権こそが、工業界のプロレタリアートとは反対に、職人が全世界的な存在になることを妨げたのである。ゴルツは紆余曲折しながら、次のように結論づけた。「労働運動のイデオロギーは永続し、必要に応じて完成する。資本主義によって始まったのは、プロレタリアートの自立能力の破壊である。

資本による労働者の否定を否定しても、いかなる肯定にもならない」。

ゴルツによると、資本主義の発展は、資本主義とは別の合理性を発展させる準備を怠ったという。資本主義は、各人の「本物の欲求」を熟考する、それらの欲求を満たす最良の手段を他者と討論する、そして探求されうる人生の選択肢を絶対の権限をもって明確にするという、欲望や能力を奪ったのだ。ゴルツは次のように結論づけた。「われわれには、共同体での暮らし、消費、生産、協働に関する新たな形態について、社会的な実験が必要だった。《システム》に関する二者択一は、国内経済や農村的な自給自足経済への回帰でも、すべての活動の統合および計画的な社会化でもなかった。そうではなく、各人の暮らしにおいて行なわれなければならないことを、好むと好まざるとにかかわらず最小限に減らすか、自主的な活動を最大限に拡大するかという二者択一だった」。これこそが共同体での暮らしを経験した人々が、革命を待たずに偽りのない社会を構築するために試みたことだった。だが、彼らは工場で働くことになった一部の学生たちと同様に幻滅することになったのである。

幸福の追求

一九七一年四月の新聞『リベラシオン』に次のような投書があった。「都市部の社会、他の共同体、隣人たちと緊密な人間関係をもつ農村共同体における、嘘偽りのない人間関係を通じた他者との暮らし。農業だけでなく自分自身が望む（自主管理型の）活動で生計を立てる。連帯責任と子供の非指示的な教育、そして性の完全な自由。つまり、人間性の疎外、偽善、孤立、貧困など、われわれが逃げ出す社会基盤に対し、日常生活から異議を述べることだ……」。ベルナール・ラクロワ〔一九四七―〕は、著書『共同体のユートピア』にこの投書を紹介し、次のように付言した。「彼らは自分たちが望まないことをとくに心得ていた。それは職業的あるいは党派的なオルグだった[†6]」。彼らは自分たちが育った社会が提示するのとは異なる暮らしを仲間とともに送ると決心したのだ。ラクロワによると、「男女が混じって常に差し向かうこうした共同体の暮らしのリスク」については誰も予見していなかったという。ラクロワは、「そのことについて彼らを咎めることはできない」と付言した。

ロジェ＝ポル・ドロワ〔一九四九―、フランスの哲学者〕とアントワーヌ・ガリアン〔フランスの作家〕が記したように、「五月革命は彼らに何か別のことをやりたい気にさせた。彼らは五月革命の失敗に打ちのめされたのである。共同体が彼らの唯一の希望になったのだ†7」。アメリカではベトナム戦争の反対派から生まれたヒッピー・ムーブメントが似たような軌跡を辿った。社会の狭間で「嘘偽りのない暮らし」を始めた多くの若者は、この閉じた世界で苦い思いをした。プロレタリア左派の指導者の一人だったベニ・レヴィーの息子ルネ・レヴィーは、ヴィルジニー・ランハー〔前述の左派の父親をもつジャーナリスト〕に次のように心中を打ち明けた。「子供時代、われわれは意図せずして大人たちのむき出しの暮らしという、習俗の自由に耐え忍んだ。共同体によい思い出ではない。それは私の人生初の苦悩に満ちた記憶だ」。

幸福へ向かうそうした道筋には、いくつかの障害が待ち受けていた。第一に、自給自足経済が実現困難な理想だとわかったことだ。電気代、工具一式、車両代などを支払う必要があった。いくつかの選択肢があった。たとえば、彼らは自分たちの金融資産の一部あるいはすべてを共有化した。共同体の外へ働きに出る場合であっても、共同体にいるときは、他の者たちと同様に共同体内で働かなければならなかった。つまり、共同体の「資本」の維持や共同体内の暮らしに関する共同作業（例：料理）などの「家事」をこなさなければならなかったのだ。

この大きな問題提起には愛も含まれていた。ラクロワが取り上げた人物の一人は、「われわれはカップルや親子のつながりを破壊したいなどと思ったことは一度もない。ただ単に、カップルや家族に関する、権威主義的で抑圧的なブルジョワ的な概念を破壊したかっただけだ」と述べた。

そうは言っても、冗談めかして言えば「現実生活において、男、女、子供の組み合わせ形式は、どれも似たようなもの」[†8]である。自由な愛、あるいは排他的な愛を選ばなければならなかったのである。多くの者たちにとって、それは簡単な選択ではなかった。たとえば、ラクロワは、イヴォンヌがピエロと四時間も一緒だったときのマルクの苦悩を語った。「マルクは大きな精神的ショックを受けた。イヴォンヌと彼〔マルク〕は一〇年前に結婚し、互いに誠実だった」。イヴォンヌは、「マルクはとても傷ついた……。誰も機嫌がよくなかった。私たちと他者の関係は変化してしまった」と述べた。夫婦の感情は二つの極端な選択肢の間で揺れ動いた。すなわち、合法的に結婚したカップルは、共同体内でそれまでのように暮らすか、あるいは共同体の性習俗に染まるかであった。子供にとっての二者択一はさらに過酷だった。子供の教育は、生物学上の家族が担うのか、あるいは共同体に任せるのかの二択だった。

六八年世代の共同体は、これら二つの両極端の間で揺れ動いた。一方の極端では、生活資料を得る労働は共同体の外で行なわれ、共同体における「従来型」のカップルと親子関係は維持されるという「弱い共同化」モデルが発展した。この場合、共同体は共有化された暮らしに関する社会的な枠組みを提供するだけだった。もう一方の極端では、完全な自給自足経済と子供の教育の社会化が行なわれ、性習俗自体も共同化する「共産化」モデルが実践された。

どちらのモデルを選ぶにせよ、夏の熱狂はすぐに冬の失望になった。「旅立ち、大きな夢、断固たる拒否、ドラッグ、性的な快楽……太陽、気さくな仲間とともに、わかるだろ。ようするに、都会から離れ、毎日あくせく働くことのない、いかした暮らしだよ」。そのような暮らしを送った者の一人が、一九七一年七月二十六日の日記に次のように記した。「昨夜のパーティーは、音楽、振る舞い、ほとばしる愛情の激しさにおいて、これまで共同体で味わった、あるいは創造した快感を凌駕した」。しかし、一九七二年一月十九日の同じ日記では、雰囲気は異なっていた。「とても寒い……。もう駄目だ。僕は修道士のような生活を送るために生まれてきたんじゃない……。動物たちの間に閉じ込められて暮らすなんてうんざりだ……。外には見たいものがたくさんあるのに、それができないなんてやるせない」。ある瞬間から「共同体で暮らす人々は、さらに耐え忍ぶには互いを知り過ぎていると感じはじめる」。挙句の果ては、揉め事が起きると口喧嘩や殴り合いになる。ロジェ＝ポル・ドロワとアントワーヌ・ガリアンが彼らの一人に尋ねた。彼は、「世間から隔絶した袋小路だった。あそこでの暮らしは失敗だった」と打ち明けた。

すべては共同体で暮らすために世捨て人になったことから始まり、すべては暮らせなくなった共同体から逃げ出したことによって終わった。この失敗は、村や修道院などの古くからの共同体の成功と、どう違うのか。実際に、ポスト六八年の共同体は村とあらゆる点で異なる。村は、過去、伝統、慣習によって成り立っている。村人は幼いときから集団の視線にさらされている。これとは逆に、共同体を構成するメンバーにとって、共同体は一つの「選択」に過ぎない。「共同体の重要な特徴は、村社会のつながりという社会を構成する継続性がない点だ」。

修道院からわかるのは、修道院で生まれたのでなくても、そうした理想のもとに暮らすのは可能だということだ。その成功の秘訣は何か。修道院は六八年の共同体と似たように始まったが、修道院に入る資格をもつ若者たちは、自分たちの資質を事前に証明しなければならなかった。村は逸脱者を事後に処罰するが、修道院は参入希望者を手厳しく選別する。ラクロワは、「共同体は自己のプログラムに対して効果的な手段をもたない不安定な集団であった」と分析した。共同体は出入りが自由だった。共同体のメンバーは、自分たちには退出の自由があることを知っていたのである。

『夢の子供たち』

偽りのない理想に基づく共同体での暮らしに関するもう一つの例がキブツ〔イスラエルの農村共同体〕だ。一九〇四年から一九一四年にかけて、帝政ロシアの迫害を逃れてパレスチナに辿り着いた最初の入植者たちは、そこに新たな人間をつくり出すことを夢見た。すなわち、ゲットーの外で尊厳を取り戻す「新たなユダヤ人」である。その開拓者の一人がアーロン・デヴィッド・ゴードン〔一八五六—一九二二〕だ。ゴードンはトルストイの説く農村生活の美徳を信奉していた。精神分析学者ブルーノ・ベッテルハイム〔一九〇三—一九〇〕は、著書『夢の子供たち——キブツの教育』〔中村悦子訳、白揚社、一九七七年〕において、キブツの経済的、心理的な原動力について詳述した。

経済分野のキブツ革命は徹底的である。すべては共同体のものになるのだ。キブツに入所する者はすべての所有物を差し出す。それらはキブツを退出しても戻ってこない。キブツに威厳があるのは、逆境に立ち向かう団体をつくり上げたからだ。「キブツの住人は監視塔や防御柵に象徴される本格的な防塞になる。それはシオニストの闘いの表象だ」。密入国したばかりの者がキブツに隠れることがある。先駆者の理想の暮らしは、従来の生活に対する反動でもある。「食堂が共同なのは、ユダヤ人の家族構造に対する反逆の表われである。ゲットーにおける家族の食事は、精神的、宗教的な秘跡だった。父親はテーブルの上座に陣取り、祈りを捧げた。母親は食事を丹念に準備した。テーブルを囲む子供たちはユダヤの伝統を見守った」。ユダヤ人女性は、幼少のころから「ユダヤのママ」という役割を与えられてきた。キブツは彼女たちにこうした伝統から抜け出す手段を与えたのである[†9]。

しかし、キブツも歳月を経て変化した。逆境に立ち向かう開拓者の「超自我」は、独立戦争に勝利すると弱まったのである。ゲットーの暮らしから抜け出したいという思いが遠い過去のものになると、共同体の生活モデルは風化した。テレビは世界中の人々の暮らしだけでなくキブツの共有空間も侵食した。若者たちは兵役(三年間)の後、しばしば外国に出かけたが、帰国しない者たちが現われた。自分たちの高等教育の費用(イスラエルでは学費が高額)を支払う判断は、親でなくキブツが行なった。この仕組みに対する若者の不満は高まった。

キブツは存続するために次第に民営化された。キブツのメンバーは、自分たちの資格に応じた賃金表に基づく報酬を受け取り、共同体の増加する(食事代を含む)運営費の一部を負担するようになった。今日、「伝統的なキブツ」は六〇くらいしか残っていない。その他のキブツは、都市部郊外の住宅として改築された。子供は両親のもとで暮らし、食堂は有料であり、私有財産を持てるようになった。産院から出て間もない赤ちゃんを母親が車で連れてくる子供園は、八〇年代末にほとんど姿を消した。北アフリカ出身の家族からの支援を受けたメナム・ベギンの内閣は、キブツへの補助金を打ち切った。キブツの住人を「プール付の邸宅に住む大金持ち」と形容し、パレスチナに占領されたヨルダン川西岸地区の入植事業のほうに資金を投じることにしたのだ。そして悲惨な皮肉の極みは、責任者による金融投機によって破綻したキブツがあったことだ。株式市場を利用して財政難を解消しようという彼らのナイーブな考えは、経済的・道徳的な衰退を加速させただけだった。

他者の失敗から学ぶ

結局のところ、これらの経験により、村社会の聖書的な簡素さに基づく世界というヒッピー幻想の限界が明らかになった。第一に、経済的な問題は思ったよりも複雑だったことだ。農民として暮らすには、市場での調達を強いられる材料などに対する投資が必要であるため、自給自足経済は不可能になる。そこで、共同体のメンバーを途上国などの外部に送り出すことが、しばしば解決策になった。だが、途上国に行った場合、現地に移住して戻ってこなくなることがよくあった。

また、文化的な限界も明白になった。現代人は一つだけでなく複数の役割を演じようとする。つまり、家庭、工場、バーなどにおいて生命の有限性から逃げ出し、一度に複数の人生を送ろうとするのだ。一方、共同体は、メンバーたちの社会的な生活を限定した場所に置いたため、彼らはこうした多元性を経験ができなかった。アメリカの社会学者アーヴィング・ゴッフマン〔一九二二―八二〕は、「現代社会の根本的な特徴は、各人が、さまざまな場所で、いろいろな相手と、異なる権威のもとに、そうした帰属の多様性が全体に依存することなく、眠り、遊び、働くことである」と指摘する。共同体に閉じこもれば、それらの役割を演じる可能性は失われる。姿をくらます社会的な空間とメカニズムがないと重苦しい雰囲気になるのだ。ベルナール・ラクロワが結論づけるように、「共同体は、疑似的な家族関係、ひけらかし、熱狂などの特徴をもつ人間関係の新たな形式を、最初から容赦なく実践するように強いる」のであった。

村の暮らしの有限性は、映画やテレビに親しんだ若者たちにとってあまりにも重苦しい。これまでとは違う人生を歩むことや、従来の共同体の物理的・物質的な限界から解放されたより広く多様な共同体を体験することに対するあこがれは、「ソーシャル・ネットワーク」の抑えがたい闖入(ちんにゅう)とともに、次世代の想像力を形成していくのであった。

危険な偏流

「六八年五月」が始まったほぼ同じ日の一〇年後にあたる一九七八年五月九日、五月革命の絶対自由主義というユートピアは暴力へと逸脱した。その日、イタリアの政治家アルド・モーロの遺体が自動車のトランクから発見されたのだ。モーロはその五五日前に武力闘争を主張する極左集団「赤い旅団」に誘拐されていた。第二次世界大戦末から途切れることなくイタリアの与党を務めたキリスト教民主主義党の書記長モーロは、イタリア政界の二大勢力だったキリスト教民主主義党と共産党との「歴史的妥協」を画策していた。[†10] レオナルド・シャーシャ〔一九二一―八九〕は、イタリア政界のこの悲劇的なエピソードに関する心揺さぶる著書を出版した。シャーシャはモーロの手紙を紹介することにより、モーロの期待と希望、そして同志たちに見捨てられたとわかったときにモーロが味わった幻滅を生々しく描写した。この物語を読むと、われわれは、限界に打ちのめされた「六八年五月」の怒りが殺意のある暴力へと逸脱した七〇年代の精神的な混乱の真っただ中に陥った気分にさせられる。[†11]

モーロは、誘拐されている間に、内務大臣、ローマ教皇、友人の国会議員たちに手紙を送った。

一方、彼らは誘拐犯に対して共同戦線を張った。イタリア国家は誘拐犯との取引を拒否したのである。パウロ六世も、モーロ首相のために祈りを捧げようと呼びかけ、この問題への関与を巧みに避けた。

モーロが送った最初の手紙は、モーロが置かれた状況にそぐわない奇妙な内容だった。それは妻に宛てた手紙だった。「親愛なるノレッタ、この復活祭の日に、君をはじめ家族全員の幸福を心から祈っている。家族、とくに孫の幸せを祈念している。アンナに今日会えなくて申し訳ないと伝えてくれ。夜はアグネスが君と一緒に過ごしてくれると助かる。ところで、私はまずまず元気だ。しっかり食事をとり、配慮してもらっている。家族の幸せを祈っている。皆にくれぐれもよろしく伝えてくれ。アルド」。

次に、内務大臣フランチェスコ・コッシガに手紙が届いた。「親愛なるフランチェスコ、手紙を書いたのは君に挨拶するだけでなく、君の責務を考慮に入れながら（もちろん、私は君の判断を尊重している）、眼前の状況に対して明断かつ現実的に考察してほしいと願っているからだ（……）。抽象的な法原則のもとに何の罪もない人々が犠牲になるのは容認できない。彼らを救済することに議論の余地はないだろう。イスラエルとドイツを除く世界中の国家は、ロレンツ事件〔一九七五年に極左集団がドイツ人政治家を誘拐した事件〕に対して積極的に行動した。国家を象徴する身分の人物の誘拐を避けることができなかったからと言って、国家が面子を失うことはない」。

三月十八日、「赤い旅団」の旗を背にしたモーロの写真が送られてきた。モーロの手にしている新聞から撮影された日付がわかった。写真のモーロからは、「倦怠感、意気消沈、不安の靄に包まれた皮肉っぽい心のうち」が見て取れた。「(……) 表情からは皮肉と疑念が透けて見えた。だが、それらはすぐにその倦怠感と不安によって覆い隠された。彼の眼差しには無限に続くシロッコが写っていた。(……)。彼は南国の悲観主義の化身だ」。つまり、「世界は考えや幻想によって導かれるように思えても、死に絶えることのない死に関する思想や死という考えを除き、モノ、考え、幻想は、すべて死に向かっていく」という信条である。

誰も回答しなかった。そこで「赤い旅団」は最後通牒を突きつけた。「牢獄にいる共産主義者を釈放するのなら、誘拐したアルド・モーロの解放を考えてやる。四十八時間以内に明確に返答しろ」。モーロは、自分の運命が決まったと悟った。最後通牒が送りつけられた後、モーロは最後の手紙を書いた。「私の葬儀には、国家の関係者も党員も参列しないでいただきたい。私を本当に愛し、私に祈りと愛を捧げるのにふさわしい人々だけが参列することを願う」。

暴力の台頭

モーロの殺害はイタリアにおける政治暴力の最悪期に起きた出来事だった。死の影が漂う七〇年代の一〇年間は「鉛の時代」と呼ばれた。「鉛の時代」のクライマックスはモーロの殺害だが、それだけではなかった。一九八〇年には、八五人の死者と二〇〇人以上の負傷者を出した極右武装集団によるボローニャ駅爆破テロ事件などの惨事が続発した。一方、極左武装集団は、威嚇したい人物の足を狙った軽機関銃の掃射を繰り返した。「六八年五月」の暴力が最も激しかったのは、枢軸国のメンバーだった国（ドイツ、イタリア、日本）においてであった。アンリ・ウェーバーによると、これら三か国では、両親と子供の確執が最も激しかったという。フランスはイタリアを襲った過激な暴力の台頭から逃れた。ただし、フランスの極左テロ組織「直接行動」は例外である。「直接行動」は、フランス国防省の調達管理部の責任者オドラン将校とルノー公団総裁のジョルジュ・ベスを殺害した（もっとも、「直接行動」のメンバーは犯行をさらに重ねるつもりだったと思われる）。エルヴェ・ロトマンによると、フランスは暴力の爆発を最終的に避けることができたという。その理由は、「プロレタリアート左派を指導する集団は、象徴的な暴力（といっても、現実的な暴力）から武装暴力へと移行寸前だった組織を解散させた」からだ。「プロレタリアート左派の指導者たちは、活動家たちが取り返しのつかない道筋に突き進む前に、数か月かけて彼らを懸命に説得したのではないか……。極左の最大勢力だったアラン・クリヴィーヌの「革命的共産主義同盟」やベニ・レヴィーの「プロレタリア左派」は、武力闘争に訴える恐れのあった衝動的かつ個人的な暴力を誘導および制止したのである」。

先進国で現われた政治的な暴力は、死に至らしめるイデオロギーの虜になった左派集団だけによるものでなく、きわめて一般的な様相によってもたらされた暗闇だった。六〇年代と七〇年代を通じて、ほとんどの先進国では殺人事件の件数が急増した。たとえば、アメリカとヨーロッパでは二・五倍になった。殺人事件が少なかったカナダでも、こうした傾向が確認できた。カナダとアメリカとの比較は興味深い。両国の殺人事件の発生比率は一対三だ。アメリカの暴力は部分的に、西部開拓時代の神も法も恐れないカウボーイたちの人種差別的で暴力的なアメリカ南部の負の遺産だった。一方、カナダは歴史的に暴力がほとんど横行してこなかった。というのは、入植者が居を構える前に、騎馬警官隊が国境を鎮定していたからだ。しかしながら六〇年代になると、カナダはアメリカと同じく暴力の増加に悩まされた。

ハーバード大学の心理学者スティーブン・ピンカー〔一九五四―〕は、この推移を俯瞰するために、社会学者ノルベルト・エリアス〔一八九七―一九九〇〕の分析を借用した。エリアスによると、「文明の過程」はヨーロッパでは十八世紀から始まり、個人の暴力は次第に撲滅されたという。ピンカーは著書『暴力の人類史』〔幾島幸子他訳、青土社、二〇一一年〕において、ヨーロッパの犯罪発生率は、十七世紀から今日にかけて五〇分の一にまで減ったと述べている。十七世紀は、ヨーロッパ大陸において宗教戦争が激化した時期だ。戦争と殺人に疲弊した国民に対して国家が「合法的な暴力の独占」を成し遂げたのは、この残虐な時期の後のことである。それでも暴力は収まらなかった。ロベール・ミュシャンブレッド〔一九四四―、フランスの歴史家〕が指摘したように、暴力は次第に居場所を変えたのだ。すなわち、家庭内暴力や、最近になってようやく減った国家の外国に対する「正当な戦争」である。[†12]

なぜ六〇年代に市民の暴力が再燃したのか。ピンカーによると、この時代に「非文明化」の過程が始まったからだという。エリアスが叙述した過程の中核である熱い思いを飼い馴らすこと、すなわち、セルフコントロールが退行したのである。ブルジョワ習俗を糾弾する本能に従う天真爛漫さの称賛は、当時の信条の一部だった。映画『イージー・ライダー』の冒頭、ピーター・フォンダとデニス・ホッパーは、はめていた自分たちの腕時計を外し、これ見よがしに投げ捨てる。ロックバンド「シカゴ・トランジット・オーソリティ」は、「今何時か本当に知っている奴はいるのか。そんなことを本気で気にしている奴はいるのか」と付言した。本能に従う天真爛漫さ、人間疎外に対する告発、熱い思いに対する称賛は、枢要徳〔西洋の中心的な徳目〕になったのである。ボブ・ディランは、「僕はいっしょうけんめい／僕でいようとしたけど／みんなは君を／やつらと同じような人間にしたがる」という歌詞を書いた。当時のアメリカの思想家の一人ジェリー・ルービン〔一九三八―九四〕の著書のタイトルは『Do it!（やっちまえ）　革命のシナリオ』〔田村隆一他訳、都市出版社、一九七一年〕だった。社会学者カス・ウーターズ〔一九四三―〕によると、脱形式的な文化がブルジョワ社会の規範に取って代わろうとしていたという。また、覚せい剤の濫用によっても、暴力は増加した。覚せい剤によって増加した強盗行為が暴力を育んだのである。[†13]

ロベスピエールの恐怖政治がフランス革命を逸脱させたように、七〇年代の激しい暴力は、六〇年代のカウンターカルチャーを毀損した。この暴力は、道徳秩序の回復ならびに経済危機の解決策として提示された保守派の反革命を引き起こすきっかけになった。暴力が再び減少するのは九〇年代になってからだが、それは保守革命がもたらしものではなかった。

第3章　保守革命

映画『ディア・ハンター』は、それまでの戦争映画が決して描かなかったベトナム戦争の残虐な光景によって、その時代を描いた。捕虜収容所でロシアン・ルーレットを行なうように強制された若い新兵たちが犠牲になる残忍さは見るに堪えない。そして映画の終わりのシーンでは、ベトナム戦争で深く傷ついた親友グループは、自分たちの仲間の一人の葬儀が終わった後、レストランに集まる。レストランのシェフがオムレツをつくりながらアメリカ国家を口ずさむ。すると、彼ら全員が歌いだすのだ。ロシア系移民の若者たちは相変わらず愛国心の持ち主だったのだ。映画は、精神的にも道徳的にも地獄の底に落ちた消息不明の彼らの親友であるニックを想い、「ニックに乾杯」と唱和して終わる。この映画は保守革命の前兆だと解釈された。

レーガンは、愛国者であり続けたこの映画の登場人物が属するアメリカの労働者階級の支持によって政治的な勝利を収めた。民主党左派が予想しなかったこの奇妙な現象は、世界中に飛び火した。アメリカの社会学者クリストファー・ラッシュ〔一九三二―一九九四〕は、『真実と天国。進歩とその批判』という著書を記した。ラッシュの執筆の動機は、「アメリカだけでなくほぼ世界中の先進国で右派勢力が思いがけなく勢力を盛り返したこと」を理解するためだった。「二十世紀の終わりに勢力を失うのは左派だと予測した者がいただろうか。当時、歴史の流れは左派に傾いていた。（誰もが）ある種の社会主義の形態、すくなくとも主意主義的な福祉国家が市場型の資本主義に取って代わるだろう（と考えていた）」。

新たな右派は、「官僚の干渉から市場を保護するだけでなく、無気力、快楽主義、道徳的な退廃に転落することに終止符を打つ」という任務とともに権力を手に入れた。アンドレ・ゴルツの考えを間接的に取り入れたラッシュは、プロレタリア階級は抽象的人間労働〔マルクス経済学における労働の二重性に関する用語。交換価値として現象する商品価値を生み出す労働という意味〕のなかで解散することでしか救済されないというマルクス主義の考えに、労働者階級はまったく与しないと説いた。大衆層が関心を抱いたのは、職人や農民など、部分的にではあっても独立あるいは自立した存在になるという夢だった。労働者階級がレーガンの基本政策に賛同したのは、マルクスの「万国の労働者よ、団結せよ」という呼びかけを拒否したからだ。地主になれると夢見たアンシャンレジーム〔フランス革命前の政治・社会体制〕の農民たちのように、大衆層は、賃金労働から抜け出し、独立したいと願ったのである。

進歩主義的なアメリカのキリスト的な存在だった若くてハンサムなケネディからおよそ二〇年後、引退した俳優のレーガンが、衰退したアメリカの中央舞台に戻ってきた。ケネディはアメリカの黄金時代に大統領に就任した。そのときに記録した幸福指数の値は、現在においてもアメリカ史上最高である。一九六四年の大統領選では、レーガンは極右のバリー・ゴールドウォーター候補を支持したが、ゴールドウォーターの得票率は三九％だった。それからおよそ二〇年後、老獪な俳優〔レーガン〕は深刻な経済危機のさなかに再び現われた。アメリカはインフレと失業で身動きがとれない状態だった。ベトナム戦争により、アメリカ人の絶望感は最高潮に達していた。映画『タクシー・ドライバー』（映画『ディア・ハンター』と同様、主演はロバート・デ・ニーロ）は、理性の喪失に覆われたアメリカの社会的な緊張が極度に高まった瞬間を描いた。「よい時代は本当にもう訪れないのか。国が強かったのは昔のこと……ベトナム戦争が始まる前だ……」（一九八二年にギィ・ソルマン〔エッセイスト〕が指摘したマール・ハガード〔シンガーソングライター〕の歌詞より）。

レーガンの技量は、（白人の）大衆層とウォール街のエリートたちを同じ基本政策のもとに結束させたことだ。レーガンは、労働は救済だという単純な考えによって支持者を増やした。すなわち、そのおよそ二〇年後にニコラ・サルコジがこの文句を口にするように、「稼ぎを増やすにはもっと働け」である。たくさん働かない者は、自身の弱さの犠牲者なのだ。福祉国家を全面的に否定するレーガンは、貧者が貧しいのは彼ら自身に原因があると述べ、貧者への支援を告発した。アメリカ国民にとって、レーガンの述べる「貧者」が「黒人」なのは明らかだった……。

フランスにおける保守革命の牽引役の一人であるエッセイストのギィ・ソルマンが引き合いに出す保守派のアレン・マトゥソウは、次のような問いを投げかけた[†1]。「アジア諸国、ヒスパニック諸国、そしてカリブ海諸国から毎年大勢やってくる移民たちは、さしたる障害なく経済活動に統合されるのに、どうして黒人の若者の四〇%は失業中なのか」。自身がアフリカ系アメリカ人である経済学者のトーマス・ソウェル〔一九三〇─〕は、アメリカの黒人の歴史を分析し、次のように記した。「黒人は他の人種と同じように社会的な階段を苦労して這い上がる」。ソウェルによると（ずっと後に、オリヴィエ・ロワ〔一九四九─、フランスの政治学者〕がジハーディストについて述べるように）、第二世代は「暴力に最も染まりやすい。なぜなら、第二世代は根無し草であり、まだ中産階級の一員でないからだ。たとえば、強盗行為は、一二〇年代ではアメリカのユダヤ人、次にイタリア人だった。今日では黒人の若者だ」という。そして次のように結論づけた。「ユダヤ人排斥運動によっても、ユダヤ人は裕福になれた。ならば、人種差別によっても黒人が裕福になることは妨げられないはずだ」。

トーマス・ソウェルとウォルター・ウィリアムズ〔一九三六─、ソウェルと同様にアフリカ系アメリカ人の経済学者〕はこの結論から、黒人を救済したいのなら、黒人に対するアファーマティブ・アクション〔改善目的の逆差別〕を廃止すべきだと説いた。彼らによると、福祉国家は貧困を許容できるものにし、貧困を解消する代わりに貧困を維持するという。ようするに、ネオリベラリズムが十九世紀初頭の論調で再登場したのである。貧者を救済する法律であるイギリスの救貧法は、まさに同じ論証によって糾弾された[†2]。ジョージ・ギルダーの著書（『富と貧困』）によると、連邦政府の補助金により、「黒人は連邦政府の小切手が送られてくるのを待ちながら堕落していく」という。この本はアメリカでベストセラーになった。

チャールズ・マレー〔一九四三―、アメリカの保守派の政治学者〕は、著書『劣勢』においてこの論理を掘り下げた。すなわち、公的支援は大衆層の「精神的な堕落」を生み出す。マレーは、「六〇年代の乱痴気騒ぎ」の後には「勤労、禁欲、家父長制」などのアメリカ深部のピューリタンな価値観を取り戻そうと訴えたのである。マレーは、福祉政策が貧困家庭の崩壊状態を継続させるため、勤労意欲は削がれ、家族は離散し、宗教心は損なわれるというギルダーの論証を再び取り上げた。マレーはリチャード・ヘアンスタイン〔一九三〇―九四、心理学者〕との共著『釣鐘型カーブ』において、さらに踏み込んだ議論を展開した。貧者の知能指数は学習するには低すぎるため、学校は貧者の役には立たないという考えを示したのである。幸いにも、いくつかの研究調査により、こうした考えに科学的な根拠はなく、ばかげていることが明らかにされた。たとえば、教育に関するアッシュンフェルター〔一九三〇―、アメリカの経済学者〕の研究調査では、教育制度が生徒の知能指数の違いによってその生徒にどのような効果をもたらすかは予測できないことが明らかになった。[†3] マレーは、先進国が自国の貧者の犠牲になっているように、貧国はそこで暮らす住人の極端に低い知能指数の犠牲になっているとも説いた。ところで、今日最も豊かな国の一つであり、最も平和な国の一つでもあるオーストラリアは、当初はイギリスのヴィクトリア朝時代の囚人たちによって人口が増えた。知能指数とその遺伝に基づく貧困に関する理論では、オーストラリアのこの変貌を説明できないだろう。

連邦国家に対する嫌悪は、福祉国家を拒絶する一つの形態であり、こうした嫌悪は新しいものでなくアメリカ史全般の現象だった。しかし、経済危機がこれに新たな様相を加えた。国民を保護し、国民の将来に備える国家をつくるために、三〇年代にルーズベルトが始動させた運動に疑問が生じはじめたのだ。アーヴィング・クリストル〔一九二〇―二〇〇九〕などの新保守主義の思想家は、ニューディール政策の恩恵を受けたのはとくに「この政策を利用して福祉国家を自分たちの利益に変える知識人、学者、教育者らであり、彼らはアメリカ中間層の価値観を軽視している。すなわち、勤労、規律、道徳、貯蓄、所有権である」と考えた。

財政面では、七〇年代以降、国家に対する拒絶は高まった。それは一九七八年に財産税を大幅削減する「提案一三号」が可決されたカリフォルニアから始まった。この時期、アーサー・ラッファー〔一九四〇―〕という人物がサンフランシスコのとあるレストランでナプキンに曲線を描き、科学的な根拠などないにもかかわらず、自信たっぷりに次のように説明した。課税率がゼロなら国は税収を得られない。だが、課税率が一〇〇%でも国は税収を得られない。なぜなら、誰も働こうとしなくなるからだ。したがって、国の税収は、税率の上昇に応じて上昇した後に下降する逆U字カーブを描く。つまり、高い税率は税収を減らすという理屈だ。この理屈は、レーガンが二五%の所得減税に踏み切る際の一つの根拠になったが、この大幅減税よって巨額な財政赤字が生じた。そしてレーガン政権時に流行った理論は、トリクルダウン経済理論だろう。すなわち、金持ちが豊かになるのを妨げるべきでない。貧者は税金によって賄われる補助金を受け取るよりも、金持ちが豊かになることからのほうが大きな恩恵を受けられるからだというのだ。

啓蒙の錯覚

　経済のネオリベラリズムと道徳面の保守主義を結びつけたレーガンの基本政策が大衆層の間で成功を収めると、二十世紀後半の政治史は大転換期を迎えた。このような基本政策はアメリカやサッチャーのイギリス以外にも広がった。たとえば、イスラエルの社会学者エヴァ・イルーズは、レーガンの大統領選と、その二年前のイスラエルにおけるメナヘム・ベギン〔一九一三―九二、イスラエルの政治家〕の権力掌握との間には、驚くほどの類似性があったと指摘する。[†4]

　初代開拓者たちのイスラエルは、第二次世界大戦前後にロシアやポーランドから来たアシュケナジー系ユダヤ人のイスラエルだった。その後、彼らは北アフリカからやってくるスファラディ系のユダヤ人（彼らはミズラヒムと呼ばれた）を、フランス人が「黄金の三〇年」に移民労働者を受け入れたときと同じ「丁重さ」をもって迎え入れた……。「アシュケナジー系シオニストは、ミズラヒムを、男性なら運転手や木こりなどの労働者、女性なら主婦や工場労働者といった下働きの職に就けた」のである。ミズラヒムは「未開人」と見なされていたのだ……。脱宗教を近代性の証にするアシュケナジー系ユダヤ人にとって、ミズラヒムの信心深さも文化的な劣等性の表われだった。

ベギンは労働党と対決するためにミズラヒムに訴えかけ、彼らの宗教心をプラスの価値観に仕立て上げた。レーガンのときに観察されるのと同じパラドックスが始動したのだ。リクード〔ベギンが立ち上げた政党〕は経済の自由化を推進し、金持ちを優遇し続けたが、経済的にはそうした自由化政策の犠牲者だったミズラヒムは、リクードが彼らを「立派なユダヤ教徒」だと称賛したため、リクードを支援し続けた。同じ構図は世界中で見られるようになった。ダニエル・リンデベルク〔一九四〇―二〇一八、フランスの歴史家〕の著書『啓蒙の過程』によると、インドにおけるヒンドゥー教への回帰は、信仰と資本主義を組み合わせるという同じ鋳型を利用したという。[†5] アメリカの保守主義の指導者の一人アーヴィング・クリストルは、新保守主義の基本政策を「宗教、国粋主義、経済成長」の三本柱に概括する。

道徳の循環

八〇年代の保守的な思想への回帰は、六〇年代の正反対の考えが吹聴された時期からさほど時間が経過していなかっただけに、観察者にとっては大きな驚きだった。そうは言っても、こうした往復はそれまでにもあった。フランス革命に代表される過渡期である十八世紀の曲がり角においても、同じ対立が表面化した。啓蒙思想はフランス革命が起こる前に自立と自由という理想を称賛したが、これはゴダールとトリュフォーが「六八年五月」を予見したのと少し似ている。しかしその後、テルミドールのクーデター、次にナポレオン没落後に、メッテルニヒのウィーン体制という保守への回帰と、フランスの王政復古という反動があった。

哲学者ロベール・ルグロ〔一九四五―〕は、なぜこの揺れ戻しが現代社会の特徴と解釈できるのかを解説した。ルグロによると、ヨーロッパの思想は十八世紀以降、「動物的な本性」が存在するはずだという意味において「人間的な本性」は存在しないという考えに基づいてつくられたという。人間は自分たちがそうありたいと願う存在なのだ。しかし、この同じ出発点から、根本的に異なる二つの論理的な帰結が導き出された。啓蒙主義の哲学者にとって、人間が本当に自分自身になるのは、文化的、宗教的な伝統から「抜け出した」状態、つまり、人間が社会的な慣習というヴェールを引き裂くときにおいてである。一方、カントにとって、啓蒙主義の基盤になる考えは、人間が成熟した大人になることである。つまり、自分自身で考え、行動し、判断できる人間である。「われわれは、宗教、礼儀、習俗、習性、慣習、ようするに、自己の原初の自律を断つ伝統に服従することによって成熟した大人になるのだ」。

思想史では、啓蒙主義の後に登場するロマン主義者にとって、啓蒙主義が構想するのは非人間化である。啓蒙主義が謳う「自律」は、それが目的自体になると無意味になる。つまり、満たすだけの作為的な欲求の探求にしかならないのである。人間はそうした探求を「本性」と信じることになるが、実際にはそうした探求は、人間を動物の水準にまで引き下げる。ロマン主義者によると、そこに人間的な本性はなく、人間性は、文明、宗教、とくに人間がつくり出した言語にしか存在しないという。抜け出すこと（とくに、あらゆる人間性から逃れること）は、人間性の喪失なのだ。

ロマン主義は、普遍は特殊化しながらのみ実現すると理解せよという。抽象的な普遍性は空疎な普遍性なのだ。一七九五年に反動の思想家ジョゼフ・ド・メーストルは次のように要約した。「フランス人、イタリア人、ロシア人は見たことがある。モンテスキューのおかげで、ペルシア人もどんなものかを知っている。だが、人間については見たことがない」。そのおよそ二〇〇年後に、クリストファー・ラッシュはレーガン革命を解説する際に、ほぼ似たような言葉を用いてそうした考えを再び述べた。「忠誠心をもつには（……）特定の人々に結びつける必要がある。普遍的な人権という抽象的な理想ではだめなのだ。われわれは人間を愛し、とくに女性を大切に思うが、それは人類全般のことではない。普遍的な兄弟愛という夢は、男性も女性も全員が似た者同士であってほしいという感傷的な虚構に基づく。よって、彼らが異なった存在だとわかると、この夢は消滅する」。

八〇年代に勢力を得た新保守主義派は、こうした伝統の鋳型に完全に収まり、ジョゼフ・ド・メーストルの「啓蒙主義に対して啓蒙主義の武器を用いて闘う」という戦略を採用した。クリストファー・ラッシュは、「進歩主義の原則に基づく社会は、人生の私的な楽しみのためにより壮大な目的を断念した。リベラル派（左派）は、人生には私的な楽しみ以外の意義、価値、可能性があることを否定し、個人主義、社会的な出世、個人の充実などの、ますます職業上の成功に要約される理想を称賛し、上流階級の人々のような口調で最も恵まれない者たちを擁護した」と付言した。ラッシュはこうした現代の無気力に対し、「(古代人の)徳、ならびに人間が悲嘆に暮れることもなく有限性を意識しながら暮らすことのできた(キリスト教徒の)恩寵」[†6]でもって反論した。

アメリカのアラン・ブルーム〔一九三〇―、哲学者〕は、ベストセラーになった著書『アメリカン・マインドの終焉』[†7]において、保守革命の成功に一役買った。ブルームは、彼が教鞭をとりはじめた時期でもある六〇年代のアメリカの若者の境遇を、次のように紹介した。若者は「自身の身体的な幸福感の維持について不安を感じたことがない。彼らは大恐慌時につらい経験をした彼らの両親の世代とは異なるのだ。快適さのなかで育った彼らは、将来に対してさらなる快適さを期待している」。また、学生は「精神的に疲れ果てて意欲がなく、やる気がない。世代内および世代間のつながりという、横糸と経糸からなる文明と呼ばれる繊細な生地は完全にほころびた。子供は育っても、躾(しつけ)はなっていない」[†8]。

ルグロが記すように、「ロマン主義」の反革命の政治的なパラドックスは、革命は哲学的な領域において転覆を遂行することなのに、その革命が導いたのは政治面における過激な保守主義だったことだ。その革命により、現代人は自身の伝統に服従すべきだと考えさせられるようになった。たとえば、エドマンド・バーク〔イギリスの哲学者〕は、「自由は譲渡できない遺産だ。これはわれわれが祖先から受け継いだ遺産であり、われわれはこれを子孫に継承しなければならない」

というイギリスのモデルをもち出し、フランス革命を否定した。ロマン主義は啓蒙主義の批判だが、啓蒙主義がロマン主義の（あらかじめの）批判だとも考えられる。文明を人間の「本性的な要素」と解釈するのは、文明が紆余曲折してつくられたことを覆い隠す。文明の権威を無造作に承認するのは、自身の行為に直面する人間の自由を否定することだ。文明から抜け出したいという願望と、文明に根を下ろしたいという欲求との間で動く振り子の揺れは尽きることがない。いかなる統合も不可能であるため、絶えずどちらかを試すことになる。

ルグロとハーシュマンの理論を統合すると、経済成長率が高かった六〇年代に解放という願望を表明した典型的な道徳人、そして不況によって伝統と保護という道徳的な欲求が生じた八〇年代の典型的な道徳人を描き出せる。九〇年代に起きた経済成長への回帰という願いにもかかわらず、そのとき作動しはじめたのは、そうした揺れの根本的に堕落した解釈だった。すなわち、左派と右派との間を揺れ動く振子は、激しく振れて極右へと向かったのである。

わが愛のコンドラチエフ（失われた幻想その2）

保守革命を引き起こした主因は、七〇年代の経済危機だ。その二〇年後の九〇年代中ごろ、経済は回復し、先進国は輝きを取り戻した。楽天主義がよみがえったのである。フランスでは一九九七年から二〇〇〇年までの間に、二〇〇万の雇用が創出された。アメリカでは情報やコミュニケーションに関する新たなテクノロジーが牽引する「ニューエコノミー」と呼ばれた奇跡を謳歌する論文が多数発表された。[†9]

多くのコメンテーターは、新たな「コンドラチエフの循環」が生じたと論じた。モスクワ統計局の所長ニコライ・コンドラチエフ〔一八九二—一九三八、ロシアの経済学者〕が一九二三年に書いた重要な論文は、一九二八年に英語に翻訳された。一方、シュンペーターは研究書『景気循環論』〔金融経済研究所訳、有斐閣、二〇〇一年〕において、およそ五〇年周期で繰り返す経済動向を特徴づける際に「コンドラチエフの循環」という表現を用いた。シュンペーターの用語では、景気循環のフェーズAが経済成長期であり、フェーズBが景気後退期である（フェーズAよりも弱い律動であることが多い）。各フェーズはおよそ二五年間続くので、一つの循環が完了するには五〇年かかる。

コンドラチェフの循環からは、経済活動は活況期と低迷期をメトロノームのように規則正しく繰り返してきたような印象を受ける。たとえば、一九四八年から一九七三年までの活況期と、一九七四年から一九九七年までの低迷期だ。その一〇〇年前、コンドラチェフの計算とほぼ同じく、一八四九年から一八七三年までは経済成長期、次の一八七三年から一八九七年までは大不況、そして一八九八年から一九一三年までは新たな経済成長期だった。そしてさらに一〇〇年前、経済成長期のフェーズAは一七九〇年から一八一四年までであり、これに続く景気後退期は（ほんの少し長めの）一八一四年から一八四八年だった。コンドラチェフの信奉者なら、われわれは一九九八年に新たな経済成長の循環に入ったのだから、この活況は二〇二〇年代の中ごろまで持続するのは間違いないと考えただろう……。過去のすべての景気循環は、自動織機、鉄道、電気など、新たなテクノロジーの普及と結びついていた。一九九八年の循環では、それは情報になるはずだった。

政治の領域でも新たな循環が始動したようだった。サッチャー〔保守党〕に代わってトニー・ブレア〔労働党〕が、そしてレーガン〔共和党〕に代わってビル・クリントン〔民主党〕が登場した。フランスでは、リオネル・ジョスパン〔社会党〕が首相に任命された。ルグロ－ハーシュマン理論における活況期が始動したのだ。繁栄が戻ると、金銭面の安全を確保したいという思いが緩み、解放に対する欲求が再び現われる。たとえば、離婚は経済成長とともに増加する。最近の研究によると、女性は労働市場の回復から思わぬ恩恵を受けるという。女性は不幸な婚姻関係に終止符を打つための経済的な自立を得られるのだ[†10]。

経済学者ベンジャミン・フリードマンは著書『経済成長とモラル』〔佐々木豊他訳、東洋経済新報社、二〇一一年〕において、経済成長期と「進歩主義者」の思想との間には驚くべき類似があることを示した。フリードマンは、景況に応じたアメリカとヨーロッパの大まかな政治動向を分析したのである。アメリカにおける「進歩主義者」の時期は、経済の高度成長期とほぼ重なっていた。一八六五年から一八八〇年まで、次に一八九五年から一九一九年まで、そして戦後の公民権運動〔一九五〇年代から一九六〇年代〕の時期である。フランスでも経済成長期には、第三共和政や戦後など、改革派の精力的な活動が目立った。それとは反対に、経済危機にはポピュリズムが台頭した。ブーランジェ将軍事件、アクション・フランセーズ、ファシストの暴力、ヴィシー政権、国民戦線〔極右政党〕の台頭は、経済危機とともに起きた。ドイツの市民権と社会的権利が拡大した時期（ドイツ統一〔一八七一年〕やヴィリー・ブラントの改革）は、経済成長期と重なる。一方、三〇年代のナチス台頭や移民排斥運動の再燃は不況期の出来事だった。

コンドラチエフの二度目の死

残念ながら、コンドラチエフの新たな循環は起きなかった。一定のリズムを刻んでいた振り子は突如として調子が狂ったのである。経済成長は、金融危機が勃発する以前の二〇〇〇年代初頭から足踏み状態だった。二〇〇八年、リーマン・ブラザーズ社の倒産とともに、金融危機の衝撃波が全世界に広がり、世界中の国々が同時に金融危機に見舞われた。二〇〇九年、工業生産と世界貿易は二〇％以上も下落した。三〇年代の大恐慌時でさえこれほど短期間にこれほど急落しなかった。金融危機が完全に収まるのには一〇年ほどかかった。

金融危機は青天の霹靂ではなく、保守革命が当初から蓄積した不均衡の産物だった。新たなコンドラチエフの循環が遭遇した主要な問題は、富が「したたり落ちない」ことだった。レーガンが提唱した「トリクルダウン」は起きなかったのである。トマ・ピケティ〔一九七一―、フランスの経済学者〕らが紹介する『世界の格差に関する報告書』[†11]により、過去四〇年間の過程が明らかになった。アメリカでは最も裕福な上位一％の所得が国の所得全体に占める割合は、一〇％から二〇％に増えた。注目すべきは、この富の集中が下位五〇％の犠牲の上に成り立っていることだ。実際に、下位五〇％の取り分が国の所得全体に占める割合は、二〇％から一〇％に減少した。富が貧者から金持ちへと移転したのである。これらの数字からは、一九八〇年に最富裕層の所得は貧困層の二五倍だったが、現在は一〇〇倍になったともいえる。過去四〇年間に下位五〇％の購買力はまったく上昇しなかった。トリクルダウンはまったく観察されなかったのだ。人口の一〇％しか経済成長の恩恵を受けない経済成長が脆弱なのは明らかであり、貧困層は自分たちの生活を維持するために借金に頼らざるを得なかった。アメリカの貧困層は不動産バブルに踊らされ、返済できない不動産ローンの山を築いた。このバブルは、二〇〇七年から二〇〇八年にかけての金融危機とともに崩壊し、コンドラチエフ循環の活況期を早々に打ち砕いたのである。

資本主義の新たな精神

保守革命は、テクノロジー革命が起きるはるか以前に、金融革命を遂行した。八〇年代以降、投資家が企業経営を掌握するようになったため、工業型の資本主義は根本的に見直された。企業の賃金制度は、年功序列型から成果主義型になった。新たに登場した「株主資本主義」という組織形態により、企業は競合他社を圧倒的に上回るノウハウ、つまり「コアコンピタンス」を発揮できる唯一の活動に特化するようになった。下請け企業を利用してアウトソーシングすることが当然になったのである。あらゆる社会層の人々が同じ企業に勤めるという大企業の工業化モデルは廃れはじめた。

労働組合は賃金体系について平等主義的なモデルを訴えたが、新たな世界では社会は階層化された。リチャード・フリーマン〔一九四三―、アメリカの経済学者〕らの研究によると、アメリカの所得格差の拡大は、企業内というよりも企業間の格差拡大によって説明できるという[†12]。五〇年代から六〇年代にかけて、企業は、社員食堂の運営、警備、清掃、会計などの業務を自前で行なっていた。アウトソーシング（下請け企業に対する業務委託の増加）とともに、それらのサービスは外注されるようになった。分割された企業では賃金体系が刷新された。新たな組織体制では、情報やコミュニケーションに関する新たなテクノロジー革命を利用する従業員のいない企業が理想になった。グローバル化の到来、競争の激化、安い労働力の供給などにより、この理想は完遂する。しかし、時系列が示すように、資本主義内部の再組織化はグローバル化よりも先行していたのだ。

新たなテクノロジーによるおもな恩恵は、企業が「コスト・カッティング」できるようになったことだとさえ思えてくる。フィリップ・アシュケナージ〔一九七一―、フランスの経済学者〕が示したように、真っ先に再組織化の対象になったのは、労働組合の影響力が最も強い企業だった。その証拠に、労使間のフォーディズム的妥協〔労働者側のテイラー主義の受容と、経営者側の賃上げの受容〕が標的になった。企業が「情報化による生産性」を向上させるには、既存の労働組織を見直さなければならない[†13]。というのは、情報化によって働いていない時間を「科学的に」なくすことが可能になったからだ。企業の幹部は自分自身で文書を作成し、銀行員はかつて数人で行なっていた業務を独りでこなし、ホテルの夜警は翌日の帳簿の準備をする。「働いていない時間を排除した世界」の例には枚挙にいとまがない。生産性は向上したが、そこには労働強化というきわめて重要な要因があった。まさにこの時代にアラン・エーレンベルク〔一九五〇―、フランスの社会学者〕の著書のタイトルである『成果の崇拝』が頭角を現わしたのである[†14]。フィリップ・アシュケナージの表現を借りると、それは新たな「スタハノフ運動」〔ソ連の大衆的生産向上運動〕の再来だった。

ボルタンスキーとシャペロが指摘したように、「資本主義の新たな精神」という言葉は、テイラー主義という古い労働モデルを再検討して理論化するために、六〇年代につくり出されたのである。新たなマネジメントは、複数の役割をこなし、新たな職務を学び、それらに順応することを推進するという、「ノウハウ」とは対照的な「ライフスキル」を目指した。しかしながら、アシュケナージが著書『労働の混乱』で強調するように、実際には、従業員は自律的になったと同時に強制されるようになったのである。[†15] 彼らは命令を発する人物である顧客が要求するテンポに服従する。日本発の「ジャスト・イン・タイム」という企業文化は、「顧客の完全な満足」を主要課題にする。「豊かさ、さらにはテイラー主義モデルから解放される一つの形態の兆しと思われた反射的な生産性至上主義の到来は、現実には労働条件の悪化と労働強化をともなった」。精神的な障害の増加には、身体的な問題（筋骨格系疾患など）が付随した。ストレスが生じるのは「迅速かつ的確に行なえ」というような大きく矛盾する命令を受けるからだった。

労働コストは根本的な見直しが図られた一方で、同時期に金融界は乱痴気騒ぎに興じた。一九八〇年から二〇〇〇年にかけて、株式市場は重力に抗うように一〇倍に膨張した。事情を熟知していたジョージ・W・ブッシュは、こうした状態を「酔っぱらったウォール街は今や二日酔い状態だ」と要約した。金融危機の最中に『フィナンシャル・タイムズ』紙は、サブプライム住宅ローン危機発生前の三年間における大手金融機関幹部の報酬に関する調査結果を掲載した。彼らは合計で一〇〇〇億ドル以上の報酬を得た後に、金融界に四兆ドルの損失をもたらしたという……。当初は他の従業員と同じように就職した経営陣は、あっという間に一般の従業員たちの雇用条件から抜け出した。過去の工業界の経営陣は、従業員の給料を引き上げなければ自分たちの報酬も上げようとはしなかっただろう。経営陣の報酬の増加は、一般的に実施される「コスト・

カッティング」と正反対だった。彼らの命運と報酬は、株式市場の推移に応じてスライドすることになったのだ。

一九〇四年に出版されたマックス・ヴェーバーの著書『プロテスタンティズムの倫理と資本主義の精神』〔大塚久雄訳、岩波書店、一九八九年〕は、資本主義を特徴づけるのは強欲や金銭欲ではないと説いた。もしそうなら、資本主義は、フェニキア商人のいた中東や香辛料の貿易で儲けたヴェネツィアで発展したはずだ。ところが、資本主義は、誕生したのがイギリスで、その後に発展したのはアメリカと北ヨーロッパにおいてであった。ヴェーバーは、貪欲さを人間活動の根底にある原動力の一つと認めたからこそ、資本主義はそうした欲求を理性にかなったものにすると主張したのだ。そうした欲求により、信頼と契約の関係がつくり出され、規則、法律、「責任感という倫理」との間にバランスが戻ると述べたのである。保守主義革命が約束する修復は、資本主義のピューリタンな基本的価値観への回帰のようなものだと理解できたが、実際には貪欲さの勝利という正反対の事態を招いたのである。

第二部　堕落の時代

第4章　プロレタリアートの別れ

資本主義がレーガンとサッチャーの保守革命によって解放され、勝利を収めたとき、ポピュリズムという新たな幽霊が再び西洋を徘徊しはじめた。一九八九年、ベルリンの壁崩壊という信じられない出来事が起きた。ポピュリズムは、この瓦解した共産主義の役割を担ったのである。なぜなら、工業界という世俗の宗教だった共産主義は消え失せたからだ。哲学者エマニュエル・レヴィナス〔一九〇六―九五〕は次のように記した。「(ベルリンの壁崩壊は) 世俗の期待を壊しながら政治的な考察を支えていた思考を根底から揺るがした。なぜなら、ソ連は最も恐るべき国家だとしても、拘束からの解放を約束し、自由という希望をもたらす国家だったからだ。ソ連というシステムの崩壊とともに、われわれの時代感覚は危機に陥った[†1]」。意義を失ったという感覚がこの新たな時代を瞬時に覆い尽くした。

哲学者ペーター・スローターダイク〔一九四七―〕もソ連崩壊についてコメントした。スローターダイクは「怒りの堆積」が突如として破綻したと語った。スローターダイクは、人々は怒ったとき、どこに向かうのだろうかと自問した。すぐに回答したのは、その後に勢力を伸ばしたポピュリスト政党だった。大衆層の「怒り」は部分的に、彼らの期待を背負った左派、次に右派による二重の失敗の産物だった。左派は、危機から大衆層を保護することに失敗し、しばしば危機を放置したかのようだった。一方、右派は、道徳を取り戻すという基本政策を掲げて選ばれたが、貪欲という祭壇に大衆層を生贄として捧げた。大衆層は、工業社会の解体のあおりをまともに食らった。工業社会には欠点もあったが、少なくとも統合を促す社会的な居住環境をつくり出すという利点はあった。社会学者マックス・シュラーの説く怨恨の理論において、ポピュリズムは完璧な言い回しだった。シュラーはポピュリズムを現代特有の現象として分析したのである。というのは、現代社会において個人間の形式上の社会的な平等は、能力、教育、社会的な地位、資産など、人目を引く差異と共存するからだ。そしてそれらの差異は、解消されないとわかると突如として耐えがたくなる。

「ポピュリズム」という言葉を使う際には注意が必要だ。一部の人々はこの言葉を「大衆」と混同し、エリート層が大衆層を軽蔑することの表われでしかないと思っている。ポピュリズムは歴史的に偉功を成し遂げた。ロシアでは一八四〇年から一八八〇年にかけて、教師、公務員、ジャーナリストらによる民衆運動（ナロードニキ〔社会運動家の総称〕）が起きた。この運動がきっかけになり、民衆教育運動が始まった。一九一七年のロシア革命はその流れを汲むものだ。一方、アメリカでは一八八〇年代に南部および西部の小規模農民の間でポピュリズムが誕生した。過剰な借金を抱えた農民たちが銀行に反旗を翻し、これが一八七〇年代から一八九〇年代にかけての本格的な農民一揆に発展したのである。数名の上院議員を輩出した人民党は、鉄道、電信電話、天然資源、銀行などの国有化を訴えた……。だが、彼らのおもな要求は自分たちの借金の帳消しだった。こうした要求の際には、しばしば聖書がもち出された。すなわち、聖書の贖宥（しょくゆう）に従い、借金は五〇年ごとに帳消しになると説いたのである。

ラテンアメリカ諸国は、長年にわたってポピュリズムの実験場だった。この言葉が見事に当てはまる唯一の場所だと考える者もいる。アルゼンチンのペロニスモ〔ペロン大統領による政治〕はその例だ。アルゼンチンだけでなく、ブラジル、チリ、コロンビア、ペルー、ベネズエラにも似たようなポピュリズムが登場した。ルディガー・ドーンブッシュ〔一九四二―二〇〇二、経済学者〕とセバスティアン・エドワーズ〔一九五三―、経済学者〕は、一九九〇年に出版した共著において、マクロ経済を安定させるという目的を一切無視して包括的な経済成長を目指すのがポピュリズムの経済政策だと定義した。[†2] ラテンアメリカ諸国では、「神経症のように」同じ循環が倦（う）むことなく繰り返す。毎回、分別のない財政出動によって、収支バランスが悪化し、自国通貨が減価し、急激なインフレに見舞われ、国内生産が崩壊する。「それらの政策を実施しても、きわめて不平等な社会はまったく解消できなかったのに、それらの政策をまたしても実施する」のだ。

ドミニク・レニエ〔一九六〇―、政治学者〕は、ル・ペン〔極右政党FNの党首〕、ハンガリーのオルバーン〔首相〕、イタリアの「同盟」と「五つの星運動」の連立など、ヨーロッパのポピュリズムの特徴を「先祖伝来型のポピュリズム」と評す。[†3] このポピュリズムは、自国の選挙民に対し、「彼らのための」福祉国家、「彼らの」都市、「彼らの」雇用を約束し、彼らよりも上にいるエリート層と、彼らよりも下にいる移民を、社会的な無秩序の原因とみなし、両者に対する憎悪を一つに凝縮させた。前者のエリート層に対する憎悪に共感を示す過激な意見が左派に存在するのは確かだが、そうした意見が選挙結果に反映される割合は、後者の右派の憎悪よりも低い。すなわち、外国人嫌いである。

スウェーデンの民主党、デンマークの国民党、フィンランドの「真のフィンランド人」、オーストリアの自由党、ギリシアの「黄金の夜明け」、イタリアの北部同盟〔前述の「同盟」の前身〕は、すべて外国人嫌いという理念に基づいて結成された政党だ。「五つの星運動」の創設者ベッペ・グリッロ（彼は一九八一年に交通事故による過失致死で有罪判決を受けたため、被選挙権がない）も、こうした国粋主義的な発言を繰り返した（もっとも、政治活動では曖昧な態度を示している）。グリッロは、イタリアで結核が再び流行したのは移民のせいだと訴えた。グリッロによると、移民など「捕まえて、誰も見ていないところで車に押し込み、人気（ひとけ）のないところでぶん殴ってやればいい」という。グリッロは「皆さん、私がここにいることを感謝してほしい。さもなければネオナチが台頭していただろう」と付言した。先述のレニエの結論は、彼らの発言は「安心させるというよりも威嚇する主張」である……。

この新たなポピュリズムを象徴するのがフランスの国民戦線（FN）だ〔二〇一八年に党名を国民連合へと変更した〕。国民戦線は暗中模索しながらも不満をもつ大衆の囲い込みに専念した。当初、経済の領域では（レーガンから多大な影響を受けて）リベラルだったル・ペン一家は、エリート層と移民を同時に批判するというヨーロッパ型のポピュリズムに鞍替えし、一九七二年に国民戦線という政党を結成した。一九七四年のフランス大統領選では、ジャン＝マリー・ル・ペンの得票率は〇・七五％だった。一九八一年の大統領選では、ル・ペンは候補者になるための推薦人の数が足りず、立候補できなかった。しかし、一九八四年の欧州議会議員選挙での得票率は、驚いたことに一一％だった。国民戦線は、与党だった左派を批判するためにレーガンから着想を得た。とくに「反税制」〔所得減税および直間比率の是正〕である。一九八八年の大統領選では、ル・ペンの得票率は一四・四％だった。二〇〇二年の大統領選では、ル・ペンは決選投票にまでたどり着いた。しかしながら、この勝利はル・ペンにとって糠喜(ぬかよろこ)びだった。というのは、減税と移民拒否という政策は、従来の右派が自分たちの基本政策にすんなりと収めることのできる組み合わせだったからだ。二〇〇七年の大統領選では、ル・ペンの得票率は一〇・四％だった。サルコジ〔従来の右派〕が〔減税と移民拒否を自身の基本政策に加えて〕ル・ペンの快進撃に一撃を加えたのである。

国民戦線の再生はル・ペンの娘が担った。ル・ペンの娘〔マリーヌ・ル・ペン〕は、レニエの表現を借りると「民族社会主義」を提唱し、左派ならびに右派を仰天させた。経済の領域では左派よりも過激である一方で、価値観の分野では右派よりも過激なル・ペンの娘は、グローバル化から取り残された暮らしを送り、移民の最大の犠牲者である大衆層に属する多くの人々を魅了した。最終的に彼女の個人的な歩みは、二〇一七年の大統領選でのエマニュエル・マクロンとの決選投票の際の冴えない振る舞いによって打ち砕かれた。そうは言っても、決選投票における彼女の得票率〔三三・九％〕は父親を上回ったのである。

二〇一六年はひどい年（アンヌス・ホッリビリス）だった

今日にいたるまで二〇一六年は、増大するこの激しいいらだちが最高潮に達した年だった。二〇一六年の大きな出来事は、ブレグジット〔イギリスのEU離脱〕とトランプの大統領選というポピュリズムが「現実の政治」に登場したことだ。ロード・アシュクロフト学院がブレグジット後に実施した調査からは、EU離脱に賛成票を投じた人々の心情が明らかになった。彼らは、「フェミニズム、多文化主義、エコロジー」だけでなく「資本主義」や「インターネット」という言葉を嫌悪した。イギリスの雑誌『エコノミスト』は、ブレグジットへの賛成票の割合が最も高かった街を紹介した。リンカシャーにある小さな町ボストン（マサチューセッツ工科大学やハーバード大学のあるアメリカの都市ではない）では、EU離脱に賛成票を投じた割合が七六%だった。この町の人口の七〇%は十六歳までしか学校に通っていない。港の波止場は閑散としている。カフェや新たな店舗にはポーランド語の名前がついている。ボストン住民の一三%は移民であり、ほとんどの移民は、近郊の小さな農場で働くポーランド人やリトアニア人である。ある退職者は、「われわれが自治を取り戻すときだった」と語った。この町の雰囲気は、オランダとの貿易で栄えたときのノスタルジーに浸りながら時間が止まったかのようだ。町の中心には荘厳な教会が鎮座している。ボストンの住民は、EU離脱を支持したイギリス人の五二％の特徴を如実に表わしている。彼らはEU残留を支持したイギリス人の四八％といがみ合っているのだ。すなわち、ロンドン、ブリストル、マンチェスター、ケンブリッジなどの活気あふれる都市中心部で暮らす、若者、教育を受けた人、リベラルな人である。

ポピュリズム驚愕の第二幕は、二〇一六年十月のトランプの選挙だった。イギリスの場合と同じ恨みが噴出したのである。トランプに投票した三分の二は「下流白人」だった（アメリカ風に言えば、「低学歴の白人」）[†4]。彼らが暮らすのは、都会のエリート層がニューヨークからロサンゼルスに向かう飛行機の上空から「通過する場所」と呼ぶ地域だった。「次世代の暮らしぶりは、今日よりもよくなっていると思いますか」という質問に対し、ノーと答えた人々の六三％はトランプに、イエスと答えた人々の五九％はヒラリー・クリントンに投票した。トランプを支持したのは、農村部で暮らし、大都会の価値観を毛嫌いする、苦悩する人々だった[†5]。では、トランプは彼らに何を提示したのか。トランプは、自分たちをお払い箱にする世の中に居場所を維持しなければならないという彼らの苦悩と困難に理解を示したのである。

文筆家トーマス・フランクが二〇〇四年に出版した著書の主題は、「なぜ貧者は右派を支持するのか」だった。フランクはこの問いに答えるために、自身の故郷であるカンザス州を格好の事例として引き合いに出した。農村部の町では、「文明の不可逆的な衰退の徴候が見られる」という。

ある町では公立の学校が「ｅＢａｙ」〔インターネット・オークション〕で売りに出された。デトロイトがフォード社やゼネラルモーターズ社の企業城下町だったように、航空機産業が盛んなウィチタ〔カンザス州最大の都市〕は、長年にわたってボーイング社の企業城下町だった。ウィチタは労働組合の影響力が強い労働者の都市であり、昔は民主党勢力の牙城の一つだった。この都市は二〇〇〇年代の経済危機をまともに食らったため、雇用数が半減した。だが九〇年代には、ウィチタはカンザス州の共和党の主要な砦の一つとして、人工妊娠中絶やダーウィンの進化論に反対する急先鋒の都市になったのである……。

トランプが登場する以前の共和党の基本政策は、道徳的な保守主義と経済リベラリズムとの組み合わせだった。彼らは選挙活動において、人工妊娠中絶の禁止とホモセクシュアルの権利の否定など、具体的な効果をもたないことを約束する一方で、ウルトラ・リベラルな経済自由化政策を具体的に実施すると請け負った。だが、ティーパーティー派の共和党が実施した減税政策により、経済問題は悪化し、社会不安が増大したため、共和党は道徳的な抗議を前面に打ち出した。

一方、トランプは共和党予備選挙中、独自の道を歩んだ。トランプは人工妊娠中絶反対をはじめとするティーパーティーの妄想には応じず、移民と外国製品に門戸を開くという共和党の別の側面を攻撃した。トランプは共和党の教義に反してメキシコと中国との自由貿易協定を弾劾し、反移民を強調し、〔ネット配信ドラマ『ゲーム・オブ・スローンズ』のように〕メキシコとの国境沿いに壁をつくり、不法滞在者の取り締まりを徹底すると約束した。トランプは自身のおもなスローガンである外国人嫌いと保護主義をきわめて露骨に表明したのである。

レトリックの面では、トランプの「話術」の特徴は自分の敵を個別にあげつらうことにある。トランプは、自分を批判するジャーナリストは権力の犬であり、そのような輩は支配階級に属していると指弾する。経済学者ジャスティン・ウォルファース〔一九七二―〕は、トランプのやり方を次のように要約した。トランプは「ポリティカル・コレクトネス」を激しく非難することによって、自分はそのへんの奴らとは違う「嘘偽りのない本物だ」というメッセージを発するのだ。逸脱すればするほど自身の誠実さを証明できるというわけだ。情報を専門にする経済学者なら知っているように、トランプは自分が特別な存在であることを示すために発言を誇張しなければならない。しかしながら、トランプは実に単純な人間であり、そのようなことは考えていないだろう。トランプは女性蔑視と外国人嫌いに関する発言を繰り返し、毒舌家と見られるようになった。だが、トランプの支持者は、トランプが本物の人種差別主義者で女性蔑視の男性であることを熟知している。トランプがポリティカル・コレクトネスを批判するのは、思ったことをあけすけに発言できるようにするためだ。

トランプはメキシコ人を「強姦犯」だと述べ、拷問を容認し、核戦争は戦略的な選択肢にすべきだとコメントした。身体に障害のあるジャーナリストを嘲笑(あざわら)い、ある女性ジャーナリストに対して生理中だから苛立っているのだと扱(こ)き下ろした。偶然に録画されたビデオでは、トランプは自分ほどの男なら女性と一発やれるとうぬぼれていた。トランプと喧嘩するまで番頭役を務めたスティーブ・バノンは、極右オンライン・ニュース・サイト『ブライトバート・ニュース・ネットワーク』の幹部だった。白人至上主義者が集まるこのニュース・サイトは、移民、フェミニズム、多文化主義に反対し、ユダヤ人やイスラーム教徒など、自分たちの気にいらない集団に対する攻撃を執拗に繰り返した。

多くのコメンテーター（とくにヨーロッパ）はトランプの大統領選を、レーガンが始めたリベラル路線の終焉、市場の圧力を緩和してほしいという願い、途方もない所得格差を是正してほしいという要望と解釈した。ところが、最初の内閣のメンバーの顔触れからは、トランプにリベラリズムを止める考えはないことが分かった。トランプが国務長官（外務大臣）に任命したのは、エネルギー市場自由化の旗振り役であり、プーチンの親友でもある石油メジャーのエクソンモービル社の元会長レックス・ティラーソンだった。財務長官（財務大臣）に任命したのは元ゴールドマン・サックスの経営者でハリウッド映画の出資者スティーブン・ムニューシンだった。ムニューシンは、サブプライム住宅ローン危機で破綻した世帯の不動産ローン証券を買い叩いて資産を築いた人物だった。労働長官に選ばれたのは、ファストフードのレストラン・チェーン店を経営するCKEレストランズの最高経営責任者アンドルー・パズダーだった。最低賃金引き上げに反対していたパズダーは、就労許可のない不法移民を清掃員として雇用していたため、労働長官の指名を断念せざるを得なかった。トランプ大統領の顧問団のなかでカール・アイカーンも重要な役割を演じた。アイカーンは、オリバー・ストーン監督の映画『ウォール街』の登場人物で「強欲は善だ」という台詞でお馴染みのゲッコーのモデルになった元トレーダーである。

こうしてトランプは自己のイメージに似せて大金持ちによる（最初の）政府をつくった。雑誌『エコノミスト』によると、彼らの個人資産だけで六〇億ドル以上もあるという。しかしながら、発足当初のメンバーが長期間役職にとどまることはなかった。国家の頂点を含め、決まりを破りたいというのがトランプの大きな特徴である。内閣の人事が更新されるにつれて、トランプが気候変動に関するパリ協定や、世界貿易機関（WTO）ならびに北大西洋条約機構（NATO）などの国際協定を忌み嫌っていることが明らかになった。

ジュリアン・ジロドーはトランプの選挙を、フロイトの「イド」の力の表われと解釈した。すなわち、「ルールなんかクソ食らえ」や「どうしようもないぜ」という欲動の表明である。トランプがアメリカの大衆層の賛同を得たのは、「六八年五月」のときはうまくいかなかったこうした潜在意識に働きかけるスローガンによってであった。武器の所持を禁止する運動、環境保全という束縛、禁煙の強制などのポリティカル・コレクトネスを扱き下ろしたのである……。ブリス・タンチュリエは著書『やるべきことはもうない、気になることはもうない[†6]』のなかで、フランス選挙民の「うんざりした気持ち」を、民主主義そのものに対する信頼の危機という、アメリカの状況と同じ言葉で分析した。

ハーバード大学の哲学科の教授でベストセラーになった『これからの「正義」の話をしよう』〔鬼澤忍訳、早川書房、二〇一〇年〕の著者マイケル・サンデル〔一九五三―〕は、さらに踏み込んで論じている。

サンデルによると、大衆層の敵は、実際には左派エリート層の超自我だという。左派エリート層は、学校や医療などへのアクセス、つまり、誰でも社会的に高い地位に就くことができるという約束を掲げた……。こうした能力主義という理想が、高等教育を受けず、オーガニック食品を食べず、不摂生な暮らしを送る人々の耳には非難や叱責として聞こえたことが、左派エリート層にはわからなかったのだ。そしてそれらの人々は、エリート層の提唱する措置を、自分たちのイメージ通りの世界を実現しようと自画自賛する彼らの傲慢と解釈したのだ。トランプ支持は、選挙民の自分たちの社会的な存在を認めてほしいという切なる要望の表われだったのである。トランプに投票した人々は、自分たちのそうでありうる、あるいはそうあるべき姿でなく、ありのままの姿を愛してほしかったのだ。

時代はめぐる

外国人嫌いや虚無主義的な感情が将来への不安をかき立てること自体は、新奇なことではない。社会に対する信頼が失われると、そうした感情が生じる。これは疑念の時代の特徴である。この点に関しては、アメリカから始まった二〇年代から三〇年代に生じた急変を分析すると明らかになる。

アメリカの二〇年代は経済成長の著しい「栄光の一〇年」だった。この時代は「狂騒の二〇年代」と呼ばれた。照明、電気、水道、エレベーターなどが都会の生活条件を一変させた。アメリカ人は、自家用車、ラジオ、家庭電化製品など、まったく新たな日常品を（月賦で）購入する喜びを見出した。アメリカン・ウェイ・オブ・ライフの始まりである。文化面でも二〇年代は激しい時代だった。シンクレア・ルイス、スコット・フィッツジェラルド、アーネスト・ヘミングウェイは、アメリカ文学を刷新した。一九二七年には初の音声つきの映画『ジャズ・シンガー』が公開された。

この黄金の一〇年間、アメリカ社会の道徳規範は、後の六〇年代のときのように情熱的な若者によって一変した。若い女性は髪をショートカットにし、服装は男性っぽくなった……。性の自由を謳歌する男性のような若い女性というイメージが広がった。これが一九二〇年に発表されたスコット・フィッツジェラルドの短篇『フラッパーと哲学者』の「フラッパー」である。ちなみに、この年にアメリカ人女性は選挙権を得た。就労する女性の数は増え、女性は初めて経済的に自立できるようになった。

二〇年代には世界中で反旗を翻すアバンギャルドが登場した。たとえば、イアン・カーショー〔一九四三―、イギリスの歴史家〕は、「時代遅れ、浅はか、無意味と判断した前時代の表像形式」[†7]に異議を唱える動きの台頭を指摘する。精神分析から着想を得た現代アートは、情熱の説明不可能な混沌という不条理を表現しようとした。こうした活力の震源地になったのがパリだ。パブロ・ピカソ、ジェイムズ・ジョイス、エズラ・パウンドは、パリに移り住んだ。ドイツでは、芸術と社会思想もこの時代の新たな精神に合致した。一九一九年にヴァルター・グロピウス〔一八八三―一九六九、ドイツの建築家〕が創設したバウハウスは、工芸家、彫刻家、建築家を結びつけ、「アバンギャルドな文化的・知的な創造性の開花」を導いた。

しかし、道徳面の反動であるカルチュラル・バックラッシュが水面下で進行していた。その象徴的な措置の一つが一九一九年に成立したアメリカの禁酒法だ。この法律は一九二九年に始まった大恐慌とともに猛威を振るった。二〇年代の軽薄さと快楽の追求は、それらが登場したときと同じくらいの速さで消え失せた。女性はスカートの丈を長くし、手袋を着用しはじめた。人々は内向的になり、奇異な態度に対して不寛容になった……。たとえば、イアン・カーショーはこの時期を次のようにまとめた。「経済危機は人々の恨みを増幅させた。社会は経済危機によって偏狭かつ不寛容になった。男性は自分たちの職を奪ったとして女性を非難した」。ラジオの説教師カフリン神父は、反ユダヤ主義を唱えて聴取者から莫大な資金を獲得した。フィリップ・ロスは、残酷で皮肉たっぷりの本〔『プロット・アゲンスト・アメリカ――もしもアメリカが……』、柴田元幸訳、集英社、二〇一四年〕のなかで、ルーズベルトでなく、一九二七年に大西洋単独無着陸飛行に成功した国家の英雄であり、反ユダヤ主義者で有名だったチャールズ・リンドバーグが大統領に選出されたという、現実にありえただろうアメリカの姿を描いた。

ヨーロッパでは、アメリカ文化は近代性の道徳的悪癖の象徴になった。ジャズは黒人の音楽と蔑まれ、バッハやベートーヴェンなどの進んだ文明よりも劣っているとみなされた。「アメリカのダンス」のエロチックなリズムは、若い女性の風紀を乱すと非難された。パリとベルリンの観客を虜（とりこ）にしたアフリカ系ジャズ・シンガーでダンサーのジョセフィン・ベーカーのバナナの房だけで裸体を覆った姿は、文化の退廃を象徴しているとして批判された。

経済危機とともに「民族浄化」によって「能無し」を抹殺するという考えが、いたるところで囁（ささや）かれはじめた。ドイツでは、遺伝子疾患に苦しむ人々を対象にする自由意志による不妊化および断種措置が導入された。優生学の推進はドイツ特有の事情ではなかった。一九二六年にはイギリスで優生協会が結成された。社会ダーウィニズムとして紹介された優生学は、チャールズ・ダーウィン

〔一八〇九―八二〕の従弟フランシス・ゴルトン〔一八二二―一九一一〕によるイギリスの理論だった。この理論には、なんとケインズ〔一八八三―一九四六〕、ベヴァリッジ〔一八七九―一九六三〕、H・G・ウェルズ、ジョージ・バーナード・ショーなど、因習打破主義者として有名だった思想家たちも賛同したのである。[†8] 一九二二年には、スウェーデンのウプサラ市に人種衛生学研究所が設立された。

全体主義の起原

しかしながら、イギリス、フランス、アメリカでは、国民の圧倒的多数は自国の民主主義体制を戦争時まで維持しつづけた。ルーズベルトは、道徳的保守主義者らの圧力にもかかわらず、中道左派を復活させた。ルーズベルトが手腕を発揮できたのは、おそらく経済的な混乱を取り仕切った先代の大統領フーヴァーのおかげだろう。ドイツでは、戦争の古傷が開いたとき、パンドラの箱が開かれた。第一次世界大戦が終結する直前の一九一八年に第一巻が、そして第二巻がその四年後に出版されたオスヴァルト・シュペングラー〔一八八〇―一九三六、ドイツの歴史学者〕の著書『西洋の没落』〔村松正俊訳、中央公論新社、二〇一七年〕は、ドイツ悲観論に重要な役割を担った。シュペングラーによると、文明はスフィンクスの謎かけのように、子供、大人、老人という三つの段階を経るという。すなわち、時間の経過とともに社会の生命力が弱り、社会を変革しなければならなくなるのだ。

ハンナ・アーレント〔一九〇六―七五〕は大著『全体主義の起原』〔大久保和郎他訳、みすず書房、二〇一七年〕において、三〇年代の道徳崩壊について詳述した。この本は今日のポピュリズムの台頭を理解するための概念の宝庫である[†9]。アーレントによると、分断された社会で暮らす孤立した個人が既存の秩序に対する憎悪によって結びつくときに、全体主義が起きるという。下流プロレタリアートや危機によって没落した中産階級など、ようするに、人々は見つけたと思った社会的な地位を失うと恨みを抱く。そのような彼らが徒党を組むと全体主義が発生するのだ。「ヨーロッパの群衆心理が発展したのは、社会層が崩壊したそうした環境においてであった。同じ境遇に陥った個人が単調で抽象的な画一性のもとに集まるため、自分の失敗を自身では判断できなくなり、所定の正義に基づいて世の中を見定めることができなくなった」のである。

アーレントは、時代の漸進的な悪化を把握するためにギュスターヴ・ル・ボン〔一八四一―一九三一〕に言及した。ル・ボンは『群衆心理』〔桜井成夫訳、講談社、一九九三年〕において、個人が群衆の感情的な欲動に服従すると、物事を合理的に思考できなくなる過程を分析した。ハンナ・アーレントは、そうした群衆を「階層システムが群衆社会に変化した」のを目撃した世代と定義した。「虚無主義を信奉する者はそれまでごくわずかだったが、突如として群衆の心理現象になった」。

アーレントは、「階級社会層と対極にある群衆は、共通の利益を意識して集まったのではない」と訴えた。群衆は、明確かつ限定的で達成可能な目的を追求することによって描き出されるような特定の論理をもたないのだ。「群衆という言葉は、政党、市議会、職域団体、労働組合などの共通の利益に基づく組織に統合できない（……）人々にだけ適用される。ナチス台頭の特徴は、彼らが他の政党が相手にしなかったそうした群衆から党員をかき集めたことだ（……）」。民族共同体は、すべてのドイツ人に対して完全な平等を約束した。それは法律面でなく、生まれつきによる平等だった。ドイツ人はこの平等によって階級のない社会という約束を果たすのだが、そのような社会はドイツ人全員を貶める恐れがあったのである。

アーレントは、群衆は現実から逃れたいという欲求に取りつかれていると結論した。というのは、祖国を失ったと思い悩む群衆は、現実の偶発的で不可解な様相に耐えられなくなったからだ。ナチスのプロパガンダの特徴は、事実を徹底的に無視することだった。彼らの考えでは、群衆はこれをまとめる人物の支配下にあった。ヒトラーが、彼の言うところのごくつぶしを減らすために精神薄弱者を抹殺すると決めたとき、ヒトラーの頭には経済的な計算などまったくなかったのである。「ヒトラーは、群衆が道徳を捨て去り、殺戮計画に着手するように準備したのだ」。

ナチズムが敗北したとき、ナチズムがつくり上げた虚構は、それが登場したときと同じく一気に崩壊した。群衆は彼らの元の身分である孤立した個人に戻った。新たな世界における役割を喜んで引き受ける者もいれば、彼らの過去の「無益で絶望的な個性」に再び陥る者もいた。ドイツ国民の九〇%は、ある時点ではナチスの熱心なシンパだったはずだが、連合国は筋金入りのナチスをドイツ国民のなかに一人も見つけられなかったのである。

五〇年の孤独（失われた幻想その3）

今日のポピュリズムの台頭と、三〇年代との間に共通点がないのは明らかだ。われわれの社会は文明化が進んだが、現在の政治状況の悪化は、それでもハンナ・アーレントが叙述した全体主義台頭の道筋を想起させる。大衆層は指針を失い、自分の居場所のあった階層社会が破壊されたという思いを抱き、大衆層の誰もが構造のない群衆のなかでさまよっている。これらは現代のポピュリズム台頭の原因を明らかにするための重要な要素でもある。

二〇一七年フランス大統領選の投票結果を分析すると、そうした類似性を把握できる。ル・ペンの支持率は、都市部の選挙民との距離が広がるにつれて高まる。住まいが都市中心部から遠ければ遠いほど社会的に孤立する。フランス政治研究センター（CEVIPOF）が実施した二〇一七年フランス大統領選の投票先の決定要因に関する計量経済分析からは、ル・ペン支持は、本人の社会的な帰属よりも、個人の特徴のほうが大きな影響をおよぼすことがわかった。[†10] たとえば、ル・ペン以外の候補者なら、選挙民の父親の職業がわかれば、その人の投票先を統計に基づいて予測できるが、マリーヌ・ル・ペンの場合はそうはいかない。[†11] 同様に、選挙区ごとの住民の平均収入は、一般的に投票先の決定要因だが（平均収入が低いと左派の候補、高いと右派の候補に投票する傾向がある）、ル・ペンの場合は異なる。国民戦線への支援は、選挙民自身の状況、つまり、個人が自身の所得水準に不満かどうかが決め手になる。[†12]

社会学者ロベール・カステル〔一九三三―二〇一三〕は、われわれの時代の特徴を示すために個人主義を二つに区分した。一つめは、社会的に成功し、自分は慣習から解放されたと思う人々の自信過剰の個人主義である。もう一つは、大衆層を襲う自信喪失の個人主義である。この区分により、政治の新たな偏りが明らかになる。マリーヌ・ル・ペンの支持者とマクロンの支持者の関係は、学歴や収入をはじめとして何ももたない者たちと、幸福に関する主観的な側面を含めてあらゆるものが揃った者たちとの分断された関係である。これは左派と右派の分断された関係とは大きく異なる。左派と右派の対立は、富裕層と貧困層ではなく、一部の富裕層と一部の貧困層との対立である。フランス政治研究センター（CEVIPOF）の調査結果をさらに紹介すると、メランション〔左派〕の支持者はフィヨン〔右派〕の支持者よりも貧しいが、両者の平均的な教育水準は同じである。両者とも社会的な格差を遺憾に思い、この格差を是正したいという不満を抱いている。一方、ル・ペンの支持者はトランプの支持者の生き写しだ。すなわち、「大学を出ていない白人」である。彼らは能力主義に基づく社会的な価値観を一切信用しない。彼らの猜疑心（さいぎしん）は、国が自分たちを助けてくれるということさえ信じないほど強い。しかしながら、所得再分配政策によるおもな受益者は低所得者である自分たちなのに、彼らはそうした政策にほとんど関心を示さない。

彼らは「再分配のない保護」という矛盾した要求を発する。これは外界から自分たちを保護する「壁」の建造という要求と同じである。

共産主義者の投票動向を説明する際に階級という言葉が用いられるが、ル・ペンの支持者はそうした意味における階級にまったく関心をもたない。エルヴェ・ル・ブラーズ〔一九四三―、人口学者〕によると、共産党の支持率が過去において高かった地域と、国民戦線への支持率が現在において高い地域との間には、相関関係がまったくないという。ル・ペン支持を表明した労働者階級は、過去に共産党を支持した労働者階級ではないのだ。経済学者であり社会学者のエリック・モーランは、二〇〇二年に出版した著書『可能性の平等』のなかで、そうした変化を明らかにする労働条件を分析すべきだと提唱した。「工場の労働者」に対し、職人型の労働者や物流（運転手や倉庫係）などに従事する労働者らの割合が増加したことを考慮する必要があるという。悪化しつづける労働条件に苦しむこれらの労働者は、工場のプロレタリアートよりも顧客やエンド・ユーザーの要求に近いところで働く。工場のプロレタリアートは、重工業部門の巨大な工場の組み立てラインや作業場で働いていたが、職人型の労働者は、中小零細企業や（大）企業のサービス部門で働き、とくに建設業、食品業、メンテナンスおよび修繕サービス業に従事している。運転手や倉庫係などの職人型の労働者はサービス業従事者と似たところがあり、彼らの職能は工場の労働者よりも圧倒的に個別化している。工場の労働者の数は三分の一以上も減ったが、工場以外の労働者の数は横ばいであり、物流や運輸部門の労働者の数にいたっては純増した。サービス業という脱工業社会に顕現したのが、この「新たな労働者階級」だ。前述のモーランは、「運転手兼配達係や家内労働者は自主独立性がきわめて高く、彼らは自動車の組み立てラインで働く労働者よりも直接的かつ個人的な形で働く」と説明する。職人型の労働環境で働く従業員は、しばしば中小零細企業の経営者のイデオロギーを支持する。彼らは、税負担、顧客のわがまま、企業経営に拘束を課すと同時に自分たちの賃金にも最終的に影響をおよぼす規制に対して悪態をつくのである。

フランスの社会学の創始者の一人エミール・デュルケーム〔一八五八—一九一七〕は自殺について分析した。自殺はポピュリズムを支持する心理と似たところがあるという。デュルケームは、自殺の原因の一つとして個人の社会性が存在しない状態を意味する「社会のアノミー」を挙げた。デュルケームによると、自殺は個人的でなく社会的な現象だという……。エルヴェ・ル・ブラーズが語ったように、自殺とポピュリズムとの間に統計的な相関関係はないが、耐え難い孤独という「類似性」がある。国民戦線への支持は、工業だけでなく地域全体の社会性の破壊から生じる不快感の表明である。ル・ブラーズがエマニュエル・トッド〔一九五一—、フランスの歴史人口学者〕とともに実施した社会地理学的な分析から導き出した教訓の一つは、国民戦線は家族のつながりが密接な地域では支持率を伸ばせなかったということだ。国民戦線は、長年にわたって「直系家族」が主流だったフランス南西部を切り崩せなかった。これとは反対に、伝統的に核家族による個人主義が主流のフランス北東部では、人々は孤立しがちであり、この地域での国民戦線の支持率は非常に高い。

　デュルケームの考えには、農村住民の都市への流入が生み出す道徳的な危機があった。デュルケームは自殺の原因の一つを「匿名社会」と解釈したのだ。デュルケーム以前にも、オーギュスト・コント〔一七九八―一八五七〕やフレデリック・ル・プレー〔一八〇六―八二〕は、個人主義は社会的な団結にとって有害だと力説し、当時〔十九世紀前半〕の個人主義をすでに批判していた。この見立ては今日の個人主義にも当てはまるだろう。たとえば、社会学者セルジュ・ポーガム〔一九六〇―〕は、著書『不確実な世の中でともに暮らす』のなかで現代の無縁社会を分析した。この本のタイトルが彼の考えを如実に示している。「個人は（社会と）つながりをもたなければ自身の特性を完全に発揮することができない。（社会的な）つながりによってこそ、個人は人生の不慮の出来事から保護され、また、自身のアイデンティティの源泉と人間としての自己の存在を社会的に認知してほしいという、最大の欲求を満たすことができる」。これは今日の大きな社会問題である。

　無縁社会はおもに経済的な不安を通じて促される。「社会統合が危機に陥った主因は、雇用が不安定になったからだ」。しかし、こうした危機にさらなる衝撃を加えるのが、家族や友人などの社会的なつながりである。たとえば、ポーガムがパリの都市部で実施した調査によると、労働者の子供の二〇％は、両親がまだ存命中なのに日常生活で両親と接触する機会をもたないという。一方、企業幹部の子供の場合では、この割合は五％未満だった。経済的・文化的な格差は、「本人が選択する格差」によっても増幅されるのではないか。その例証として、地域活動への参加率は、同じパリ市内であっても富裕層が暮らす地区と大衆層が暮らす地区では最大で二倍の開きがある。[†13]

ジル・ドゥルーズとフェリックス・ガタリは、一九七二年に出版されて話題になった『アンチ・オイディプス』〔宇野邦一訳、河出書房新社、二〇〇六年〕のなかでこの無縁社会という問題をすでに検討していた。ドゥルーズとガタリは、資本主義は日常生活のつながりを常に再検討すると説いた。資本主義以前の社会では厳格な規則が生活のあらゆる場面を制御したが、資本主義は逆に、それらの規則を葬りつづける。資本主義は個人を「脱領土化する」。農民は農地から、労働者は工場から離れる……。人間は、「その場限りの仕事」の将来のために、自身の特徴や性質を失う。こうして資本主義は苦悩に満ちた世界をつくり出すので、そうした世界を治す必要が生じる。そこで、資本主義によって破壊されたものを代替する、国家、祖国、家族など「人為的な領土」をつくり出す必要が生じる……。

したがって、ドゥルーズとガタリは、個人には二つの選択肢があると、五月革命後の装飾的な言葉で説く。一つめは、個人は祖国やお金などに関して、集団の発する指示に従うという選択だ。欲望は、権力、体制、名誉に注がれる。「価値、道徳、祖国、宗教、それに私的な確信は、私たち自身の虚栄心や自己満足が気前よく私たちに与えてくれるものだ。これらは世界によって設けられる欺瞞的な居場所であり、それは安定した事物の間に安らかに立っていると思いこんでいる人びとのためのものである」[†14]。個人に開かれたもう一つの道筋は、「欲望的生産」、つまり、芸術家の生産と一般人を切り分ける「一線を超える」という快挙を成し遂げることだ。これはきわめて過敏な道筋であり、個人は「陰鬱な状態に転落して恨みを抱くようになる」かもしれない……。

ドゥルーズとガタリは予見しなかったが、彼らの分析からわかることは、工業の孤独がもたらすことになったのは、社会全体の進歩ではなかったが社会の共有だったのだ。新たな「脱領土化」が生み出された。それは勝者には芸術家の条件を、敗者には恨みを付与した。

第5章　よそ者恐怖症

精神分析家ジャック・ラカンは七〇年代に彼特有の謎めいた言葉で人種差別の再来を告げた。「われわれが喜びの錯乱状態にあるとき、それを位置づけるのは大文字の他者〔抽象的・絶対的な他者〕だけだ。だが、それはわれわれが彼らと異なる存在である場合に限る」……。ラカンがそう説明した時期から考慮すると、まことに残念ながらラカンのこの発言は現実の前兆だった。たしかに、外国人嫌いという突発性の発熱は、歴史において繰り返し起き、二〇年代と三〇年代には高熱に達した。当時、アメリカではアジア系の国民が差別された……。しかしながら第二次世界大戦後に、こうした症状が西側諸国に現われたのは初めてだ。トランプ以前のレーガンやブッシュでさえ発熱することがなかったのである。

驚くべきは、今日、外国人嫌いという現象が世界中で確認できることだ。外国人嫌いを前面に打ち出す極右政党は、いたるところで勢力を伸ばした。経済危機の影響や社会的な格差の広がりから比較的守られているスカンジナビア諸国も例外ではない。ラカンが示唆するように、新たな外国人嫌いは、誰であろうとよそ者を嫌う恐怖症である。フランス政治研究センター（CEVIPOF）の調査が示すように、国民戦線の支持者は一般的に他者に強い警戒心を示す。ここでいう他者とは、道端ですれ違う見知らぬ人、アパートの廊下で顔を合わせる隣人、会社の同僚、さらには自分の家族の一員さえ含まれる。[†1]

トランプと彼の支持者の恐怖症の対象はメキシコ人だ。イギリス人の場合、EU離脱キャンペーンの際に標的となったのはポーランド人だった。ところで、フランスでお馴染みのイスラーム脅威論は、現象の本質を理解しているとは思えない。なぜなら、ヨーロッパの人口に占めるイスラーム教徒の割合はわずか三・六%だからだ。人口問題にありがちなこととして、風貌から判断して移民と思われる人口と、本当の移民人口との間には大きな隔たりがある。各種調査によると、前者は後者のおよそ三倍だという。

しかし、移民という現象が引き起こす「本当の」経済学的な争点とは何か。移民は受入国の大衆層にどのような影響をもたらすのか。第一のパラドックスは、世界人口に占める移民の割合は一〇〇年前のほうが二倍から三倍も高かったのに、今日では移民がいたるところで話題になっていることだ。十九世紀の（一八七〇年から一九一〇年にかけて）移民が多かった時期、労働力は、アルゼンチンのような国では七五%以上、カナダとオーストラリアではおよそ四〇%、アメリカでは二一%増加した。移民の送出国側では、成人人口は、スウェーデンでは四〇%、イタリアではおよそ三〇%減少した……。十九世紀のイタリア人とスウェーデン人の稼ぎは、アメリカ人の四分の一だった。今日、サルヴァドール〔ブラジル北東部の港湾都市〕で暮らす労働者の稼ぎは、アメリカで暮らすサルヴァドール出身者の七分の一である。現在のほうが移住によって得られる利益ははるかに大きいのに、移民率はかなり低い。状況を変化させたのは移民するコストである。すなわち、上昇したのは交通費でなく、国境を越えるためのコストなのだ。

移民の賛否をめぐる経済学的な論証はどうなっているのか。経済学者ラント・プリチェット〔一九五九―〕は移民の熱心な擁護論者だ。[†2] プリチェットは、ハミルトンとワリーがかなり以前に割り出した過激な推定値を掲げる。彼らはヒトの移動制限をすべて取り除けば世界のGDPは二倍に増えると推定した。世界銀行がもう少し最近に発表した穏当な見通しによると、移民人口の三％増加がもたらす利益は、世界貿易の（残っている）障壁撤廃から生じる利益の五倍に相当するという……。移民は元から住んでいる人々にどのような影響をもたらすのか。この点に関して、経済学者の見解は分かれる。カリフォルニア大学バークレー校の教授デイヴィッド・カード〔一九五六―〕によると、移民は受入国の労働者に影響をおよぼすことなく雇用を生み出し、それらの雇用は既存の雇用に加わるという。カードは、一九八〇年に一二万五〇〇〇人のキューバ人がマイアミに突然到着した例を紹介する。マイアミ人口の七％に相当するキューバ移民がマイアミ市民にマイナスの影響をもたらすことはまったくなかったという。

しかしながら、カードの論文は、ハーバード大学のジョージ・ボージャス〔一九五〇―〕によって批判された（ボージャス自身、キューバ移民である……）。ボージャスによると、移民は元から住んでいる人々の賃金を引き下げるという。カードはキューバ・ショックが雇用におよぼす影響を正しく見定めていないのかもしれない[†3]。どちらの見解を信じればよいのか。ほとんどの経済学者はカードの見解に与するが、それは次のような論証においてである。移民の到来により、移民が従事する仕事の賃金が低下するのは事実だが、元から住んでいる人々はそれらの仕事から離れて賃金のよい仕事に移るため、移民の到来が元から住んでいる人々に影響をおよぼすことはない。歴史を振り返ると、元から住んでいる労働者は移民によって社会的に一段階這い上がったことがわかる。ロンウィ〔フランス北東部〕の鉱山で働く労働者を分析したジェラール・ノワリエル〔一九五〇―、歴史家〕によると、当時の移民の割合は、底辺の労働者では一〇〇%、鉱物の管理および輸送業務の担当者では五〇%、事務職では〇%だったという。今日においても現代社会の「あまり気の進まない仕事」（飲食業、警備員、小売り、老人介護など）は移民が担っている。これは元から住んでいる人々がやりたがらず、どこの国でも移民の第一世代が担い、第二世代は逃げ出そうとする「どうでもいい仕事」と呼ばれる職種である。

しかしながら、この論争の重要な点は次の通りだ。ボージャスによると、移民の流入によって（潜在的な）犠牲になるのは、すでにそこで暮らしている黒人でありラテン系の人々だという。彼らはトランプやEU離脱支持者が保護しようとする人々ではないだろう。ポピュリストは移民を攻撃しながら自分たちの恐怖症の本当の対象を隠している。彼らの頭につきまとうのは国内の貧困層なのだ。彼らの過ちは自分たちの眼前に鏡を置いたことだ。すなわち、彼らは鏡に映る分断された社会で暮らす自分たちの姿を認めることになるはずだ。移民問題は、経済学的な観点だけでは語れない。〔二〇一五年に死去した〕ルネ・ジラールなら、危機に瀕する社会のスケープゴートである移民は、今日の暴力のよりどころになったと説いたに違いない。

「野蛮の極致」

「《お願いだから、やめてくれ》と命乞いをするテオ・ファン・ゴッホの声が聞こえた。ゴッホが自転車専用レーンに崩れ落ちる姿が見えた。私は殺害者のきわめて冷静な態度に驚愕した。どうすれば路上で殺人を、あれほど無情に実行できるのか」（二〇〇四年十一月二日のテオ・ファン・ゴッホ殺人事件の目撃者、ティムの証言）。目撃者たちが最も驚いたのはこの犯人の冷酷さだった。モロッコ出身のオランダ人である犯人モハンマド・ボウイエリのアパートからは、アメリカ人ジャーナリストのダニエル・パールを殺害する様子が記録されたビデオなどが押収された。アルド・モーロの殺害を記したレオナルド・シャーシャの著書からおよそ三〇年後に、今度はイアン・ブルマ〔一九五一―、オランダのジャーナリスト〕が著書『テオ・ファン・ゴッホ殺害事件』[†4]を出版した。七〇年代の左派の暴力と二〇〇〇年代のジハーディストの暴力が、それぞれの時代を背景にして共鳴したのだ。

画家フィンセント・ファン・ゴッホの弟の曽孫であるファン・ゴッホは、〔ルイ=フェルディナン〕セリーヌとマルキ・ド・サドに憧れた。ファン・ゴッホのお気に入りの映画は、スタンリー・

キューブリック監督の『時計じかけのオレンジ』だった。この映画は下劣でみだらな言葉を叫んで過激な暴力を振るう若者を描く。ファン・ゴッホが最初に巻き起こした論争は、ユダヤ正統派の家庭で育ったユダヤ人協会の会長デ・ウィンターに対し、ウィンターはユダヤ人大虐殺のおかげで金持ちになったと言い放ったことである。また、ファン・ゴッホは「黄色い星の奴ら〔ユダヤ人〕はガス室でいちゃついていた」と記した……。次に、アムステルダム市長のヨプ・コーエンをナチスのような輩だと嘲笑った。扇動的な態度のファン・ゴッホは、『服従』というタイトルの短篇映画を撮影した。この映画では、ヴェール姿の数人の女性の裸体にコーランの文句が映し出される。この映画がきっかけとなり、イスラーム共同体の暴力が始動した。

ファン・ゴッホ自身、オランダの極右勢力を再興させた政治家ピム・フォルタイン〔一九四八―二〇〇二〕に魅了された。フォルタインはヨーロッパで大反響になった政治手法を編み出した人物だ。すなわち、寛容の名のもとにイスラームを告発したのである。二〇〇二年二月、フォルタインは、自身のイスラームに対する敵愾心(てきがいしん)について尋ねられると、「私には女性やホモセクシュアルの解放運動に取り組もうという考えはない……。そのような運動は古臭いカルヴァン主義を想起させる」。フォルタインは、自分をはじめ多くの人々は自身の宗教の束縛からやっとの思いで解放されたのだと強調した。「ところが、新たにやってきた人々〔イスラーム人〕は、社会に再び宗教をもち込んだ……」。

元哲学教授でマルクス主義者だったフォルタインは、自身がホモセクシュアルであることを、誇りをもって公言していた。彼は世間の話題になるのが好きだった。「彼は自分自身を演出することに秀でていた。冴えない大学教員が教祖に変身したのである」。フォルタインの著書『ベビーブーマーの自叙伝』はベストセラーになった。彼はサウナや人目のない場所での自身の性行為をあけすけに語った。フォルタインは、モロッコ人男性たちとの性交渉を自慢しながらもイスラーム嫌いを明言した。国民戦線をはじめとするヨーロッパの極右団体は、寛容の名のもとに不寛容を正当化するフォルタインの手法をすぐに取り入れた。これらの極右団体は、そうした手法を用いて自分たちのありふれた外国人嫌いを偽装するようになった。こうして彼らの言動を非難する作業は複雑になったのである。

フォルタインも殺害された。彼を殺したのは動物愛護の狂信的な活動家フォルカー・ファン・デル・グラーフだ（イアン・ブルマが皮肉を込めて指摘するように、ファン・ゴッホとフォルタインを殺害した犯人が二人とも自転車で犯行現場に現われたという事実は、彼らの犯罪に「オランダ風味」を加えた……）。フォルタインの葬儀はダイアナ妃のものと比較された。ブルマは、「ダイアナ妃と同様、フォルタインは通俗的な文化に対する臭覚がきわめて強かった」と記している。二〇〇四年十一月に発表された世論調査では、オランダにおける最も重要な人物として、オラニエ公、レンブラント、エラスムスを抑え、フォルタインが選ばれた。ちなみに、スピノザはリストにも入らなかった。

　コンセンサスと妥協を重んじることで有名なオランダで、なぜフォルタインが人気者リストの上位に入ったのか。オランダではこれまで、紛争は交渉によって解決されてきた。八〇年代、世界がレーガニズムの鋳型に流し込まれていたのに、オランダ・モデル（「干拓方式」）は協調の成功例として称賛された。オランダは一九八二年に締結した「ワッセナー合意」と呼ばれる労使間協定により、他のヨーロッパ諸国よりも先に経済成長への道筋を見出した。

　アムステルダムを筆頭に、オランダは外国人を迎え入れることに関して長い歴史をもつ。十六世紀末と十七世紀初頭には、スファラディ系のユダヤ人たちがオランダにやってきた。一六七一年から一六七五年にかけて巨大なシナゴーグが建てられた。ルイ十四世がナント勅令を廃止した一六八五年、フランスのユグノー〔カルヴァン派の新教徒〕もオランダに逃げ込んだ。ブルマが指摘するように、「啓蒙時代の初期が部分的にアムステルダムのスファラディ系ユダヤ人の息子バールーフ・デ・スピノザの思想から着想を得たとしても、それは偶然ではない」。文化に造詣が深かったヨハンとコルネリスのデ・ウィット兄弟は学術の庇護者だった。弟のヨハンは、オランダの黄金時代である一六五三年から一六七二年まで首相（無総督時代）を務めた。ヨハンは数学もたしなみ、幾何学の著書も記した。

　人道主義の伝統を誇る国であっても、オランダが極右のイデオロギーを再構築したというのはきわめて気がかりである。そうは言っても、どの国にも暗い影の部分があり、オランダも例外でない。事実、オランダにも別の側面がある。一六七二年、オランダの黄金時代に人道主義の英雄だったウィット兄弟は、王政主義者たちにたきつけられて錯乱したハーグの群衆によって二人とも殺害されたのである。ウィット兄弟の死に動転したスピノザは街の城壁に「野蛮の極致」というタイトルの文書を掲げようとしたが、宿屋の主人はスピノザの身の安全を心配してやめさせたという。これは『エチカ――倫理学』〔畠中尚志訳、岩波書店、一九五一年〕の著者スピノザが、感情をむき出しにしたきわめて稀な瞬間だった。

フォルタインはそうした過去のオランダから抜け出した人物だった。すなわち、十七世紀に「支配者」と呼ばれたエリート層を毛嫌いするオランダである。これは経済危機が無からつくり出した新たな現象ではなく、憎悪の執拗な表明である。心理学者シャローム・シュワルツは、こうした憎悪が繰り返し現われるメカニズムを解明した。ほとんどの国について調査した結果、人々の政治的な指向の分布は、時空を超えて驚くほど安定的だとわかったのである。単純化すると、理想主義者が四分の一、日和見主義が四分の一、快楽主義者が四分の一、ファシストが四分の一だという……。シュワルツの論証に従うと、変化するのは人々の強い先入観ではなく、自身の考えを表現する機会の有無である。[†5]

さらに踏み込んで考察すると、時代を経ていくつかの道徳的な感情がまじりあう領域が生じたという仮定も成り立つだろう。人々の政治的な指向を四つの象限に振り分けると、それら四つの象限の組み合わせは数多く存在する。極左から極右に鞍替えしたフォルタインは、社会制度全般に対する反対と移民を標的にする反対という、二種類の抗議に共鳴した。[†6]同様に、第二次世界大戦中の対独協力では、ファシストと日和見主義者が協定を結び、「六八年五月」では、理想主義と快楽主義が同盟を組んだ……。現在の移民嫌悪に話を戻すと、経済危機が人種差別主義者をそれまでにない人物に仕立て上げたのではなく、経済危機によって人種差別主義をあからさまに表明できる状況がつくり出されたのである。その際、人種差別主義者は、自分たちの主張を月並みなものにするために、他の抗議団体と同盟を結んだのだ。

ポストモダンな暴力

極右政党は、「自分たちと異なる」として移民を非難する。ルネ・ジラール〔一九二三―二〇一五〕は、相手が美しく見えるのは相手を愛するからであって相手が美しいからではないように、人種差別は自分が何者であるかを、自分が何者でないかを明示しながら理解するために、差異をつくり出す必要があると説いた。ほとんどの場合、移民は社会に統合するために最大限の努力をしている。これは何とも残酷なパラドックスである。

ファン・ゴッホとともに先述の映画『服従』を制作したソマリア出身のオランダの若手政治家アヤーン・ヒルシ・アリ〔一九六九―〕は、この困難な探究の例証である。彼女は自身の環境から抜け出すために長い道のりを歩んだ。イアン・ブルマは彼女の壮絶な人生を記した。若かったころの彼女は、恋人の身体に軽く触れただけで恐ろしいほどの苦悩と罪悪感に苛まれた。彼女にとって、若者が罪悪感なくキスできることでさえ大きな驚きだった。ブルマは、われわれ西洋人は自分たちの性革命が急速に起きたことを忘れていると付言する。オランダでは一九五四年まで、女性の公務員は結婚すると退職しなければならなかったのだ。

アヤーンにはハウェヤという妹がいた。少女時代の妹はミニスカートをはき、両親や周囲の人々を仰天させるお転婆(てんば)な娘だった。妹は両親に決められた結婚から逃れるためにオランダにいる姉アヤーンの元に身を寄せた。ブルマは「ところが、妹の反抗的な生活は彼女自身を打ち砕いた」と語る。オランダに着いた妹はスカーフをかぶり、神経衰弱に陥った後、結局はそれまで住んでいたケニアに戻ったのである。妹はパラノイア状態になり、摂食障害に苦しんだ末、一九九八年に死んだ。一方、姉アヤーンは正反対の道を歩んだ。スカーフ、禁酒、貞操、食事の決まりなど、自分と自身の過去を結びつけるくびきを断ち切ったときにアヤーンが感じた罪悪感は、戦闘的な無神論に変わった。テオ・ファン・ゴッホはアヤーンの魂の兄になった。

宗教上の厳格な決まりに従うというアヤーンの妹の呪縛は、ある種のノスタルジーであり、両親の世界に戻るための一つの方法であって、それは「西側諸国の強烈な誘惑」のなかで闘うことを意味した。生きる目的を見失った若者はジハーディストになり、どういうわけかでっち上げられたルーツに戻る。そのとき、両親たちは驚愕する。わが子がジハーディストになったことについてその両親に尋ねると、彼らは開口一番、決まって次のように繰り返し述べる。「理解できない。息子は敬虔なイスラーム教徒でなく、お酒は飲むし、夜遊びもしていたのに……」。このような（矛盾した）証言は、移民の子供は社会統合を望んでいないのではないかと疑う人々の考えに反する。

オリヴィエ・ロワは、社会学的な見地からジハーディストを明快に分析した。[†7] ジハーディストになるのはおもに移民の第二世代であり、ジハーディストの四分の一はイスラーム教への改宗者である。当初はそれなりに社会統合していた彼らだが、軽犯罪を犯す時期を経て刑務所内で過激な思想に染まる。これが「信仰を新たにする生まれ変わり」である。世俗の暮らし〔アルコールや女性との交際〕の後、彼らは宗教儀式の必要性を実感する。「信者」への移行は、モスクやイスラーム共同体の外で行なわれる。ただし、ジハードは個人の義務であり、決定権は後援者にある。「子供は、たとえ両親が反対してもジハードを実行しなければならない」のだ。

フランスにおけるジハーディズムの原因は、オリヴィエ・ロワとジル・ケペル〔一九五五―、政治学者〕の論争を通じて議論される。前者の考えによると、過激な思想に染まった一部の若者がイスラーム教に反乱をもち込み、イスラーム教を占拠したという。一方、後者の考えは正反対だ。イスラーム教には、サラフィー主義を通じてこうした過激な思想に責任があるという。ファラッド・コスロカヴァール〔一九四八―、社会学者〕は、国際的な比較研究に依拠し、この論争を解決するためのきわめて重要な鍵を提示した。[†8] コスロカヴァールによると、フランスでは「急進主義のイスラーム化」がとくに都市部郊外の若年層の間で顕著であり、こうした傾向は、イギリス、オランダ、ノルウェー、デンマーク、そして共同体構造が残るカナダなどの国とも正反対だという。これらの国ではほとんどの場合、イスラーム教が過激化しているのだ〔フランスの場合のように、過激派がイスラーム化しているのではない〕。

コスロカヴァールが説くには、フランスでは「脱宗教の文化と公立学校により、マグレブ出身の若者たちは非イスラーム化されるため、多くの若者たちが架空のイスラーム教に魅了されやすくなる」のだ。オリヴィエ・ロワはそうした現象を確認したからこそ、ジハーディストのテロ行為と七〇年代の極左の暴力を対比したのだ。ロワによると、七〇年代の赤い旅団、ドイツ赤軍、日本赤軍、そして今日のジハーディストたちとの間には連続性があるという。彼らは十九世紀末の無政府主義者たちのように、過激さそのものを追求したのである。ジハーディストにとっての宗教は、「六八年五月」の極左にとってのロシア革命と同様の幻覚作用をもたらす。アンドレアス・バーダー〔一九四三―七七、ドイツ赤軍のリーダー〕はプロレタリアではなかった。パリ同時多発テロ事件の実行犯たちも敬虔なイスラーム教の信者ではなかった。フランスで二つの殺人事件に関与した極左集団「直接行動」の生き残りであるジャン＝マルク・ルーイロンは、パリ同時多発テロ事件の実行犯たちの勇気に「敬意」を表した。七〇年代から八〇年代にかけて発生したテロ事件の首謀者であるベネズエラ人のカルロスは、刑務所でイスラーム教に改宗した。ドイツ赤軍のメンバーたちは、ナチズムに加担したとして自分たちの両親を非難した。アルジェリアの子供たちは、アルジェリア民族解放戦線（ＦＬＮ）が偉業を成し遂げても、なぜアルジェリア社会の隷属状態が続いたのかを理解できない。両者の場合とも、子供たちは過ちを犯したとして自分たちの両親を非難し、自身の耐えがたい暮らしは両親のせいだと示唆したのである。

暴力の第三時代

そうは言っても、ジハーディストの暴力に対する理解と、七〇年代の暴力との根本的な違いを俯瞰する主要な現象は次の通りだ。市民の暴力は、九〇年代初頭から減少傾向にあり、一九九九年には一九六六年の水準にまで下がり、二〇一〇年には史上最低になった。六〇年代の暴力の爆発を分析したスティーブン・ピンカーによると、時代は再び文明化しはじめたという。六〇年代から始まった殺人事件の発生率の上昇は三〇年間続いたが、九〇年代中ごろから、暴力は増加したのと同じ速さで減少した。

この急変を説明する仮説がいくつかある。『ヤバい経済学』〔望月衛訳、東洋経済新報社、二〇〇六年〕の著者スティーヴン・レヴィット〔一九六七―〕は、この急変は七〇年代の人工妊娠中絶の合法化による結果だと説く。すなわち、望まれずに生まれる子供の数が減少したため、そのようにして生まれた青少年による犯罪行為が減ったというのだ。今日、この仮説を頭から信じる者は誰もいない。一つの理由として、暴力は人工妊娠中絶の問題とは関係なく世界中で減少しているからだ。犯罪者を徹底的に刑務所送りにする政策が功を奏したという見解もあった。今後、平均して二〇〇万人のアメリカ人が牢獄生活を送る。これは年齢区分に対応する労働力人口のおよそ六％に相当する。問題は、刑務所は諸刃の剣であることだ。というのは、服役中に過激な思想に染まる者がいるからだ。この逆説的な効果の例がジハーディストである。アフリカ系アメリカ人の場合では、収監のおもな悪影響として、恵まれない片親家庭が多発することが挙げられる。だからと言って、処罰しないほうがよいというのではない。ところで、投獄が犯罪率低下の直接的な要因でないという証拠として、こうした政策を取らないカナダの犯罪率は、アメリカと同様に減少傾向にある。

そして九〇年代の経済成長の著しい回復が犯罪率低下の原因ではないかという考えにも根拠がない。なぜなら、二〇〇八年の金融危機時も、犯罪率は低下しつづけたからだ。

真相は、六〇年代と完全な対をなすプロセスが始動したのだろう。あのとき出現したカウンターカルチャーの影響がようやく現われたのだ。当時の社会に対する反動として当初は暴力的だったカウンターカルチャーは、支持率が高まるにつれて次第に様相を変えた。社会的な少数派の擁護、女性に対する暴力反対、人種差別の撲滅、男女平等などが人々の暴力を減らしたのだ。社会秩序が回復すると、最終的には、寛容な精神と他者の尊重からなる道徳精神が広がった。これこそが六〇年代の主張だったのだ。

社会学者カス・ウーターズは、暴力の第三時代の到来を語る。第一時代は、隣人に罵られたらその人物を殺してもよいという、ホッブズが叙述した十七世紀のヨーロッパだ。第二時代は、〔ノルベルト・〕エリアスが叙述した国家が合法的な暴力を独占した時代だ。そしてわれわれが突入した第三時代は、自身の感情制御を放棄した時代である（感情を解放するように制御する）。現代人は暴力と距離を置き、暴力を抑制的に眺める。女性がミニスカートをはくことや男性が下品な言葉を使うことの意味合いは変化した。そうした行為は、不道徳や不作法でなく、ひとひねりした意味をもつようになったのだ。われわれは、過去の規範を破ることがもたらす結果を気にすることなく、それらの規範を弄ぶようになった。社会は暴力の掟を弄ぶことができるほど文明化したのだから、われを忘れて暴力を振るうような事態が起きる心配はなくなったのだ。

この暴力の「婉曲」は、暴力が消滅したことを意味するのではない。殺人事件の発生率の減少という朗報の一方で、若者の間での暴力は減っていない。たとえば、若者の過剰な飲酒行為は、かつてないほど深刻である[†9]。ファブリス・エティレ〔フランスの経済学者〕は、若年層の生活様式と健康に関する論文のなかで、若者のリスク行動と彼らの出自との関係を検証した。時代を問わず、若者は多感であり、新たな状況に直面すると激しい感情をあらわにする。だからこそ、滑走スポーツ、過剰なスピード、窃盗、薬物の使用など、リスク行動に魅了される（これはフランソワーズ・ドルトが著書『若者の主義主張』で指摘する点）。

エティレが関心を抱くのは、若者の社会層の違いが彼らのリスクの取り方にどのような影響をおよぼすかである。喫煙の習慣を分析すると、青年時代に最もリスクの高い行動を取るのはブルジョワ家庭の若者だが、彼らは社会人になると慎重になる。こうした傾向は大衆層の若者と正反対だ。タバコを吸いはじめる時期は、金銭的な理由から恵まれない家庭の若者のほうがブルジョワ家庭の若者よりも遅い。だが、経済的に自立した後は、恵まれない家庭の若者のほうが禁煙する率は低い。経済学者エティレのきわめて単純かつ嫌味な結論は、「大衆層の人生の価値のほうが低い」である。

この比較により、七〇年代と今日の暴力の違いが明らかになる。テロリストの第一波は、第二波にはない自己保存本能によって制御されていた。第一波のメンバーは多くの場合、上流階級の出身者であり、彼らは世の中を自分たちの思い通りに変革しようと拳を振り上げた。アラン・クルーガー〔一九六〇―二〇一九、アメリカの経済学者〕によると、彼らは平均的な市民よりも教養があったという。また、彼らのなかには大金持ちさえいた。[†10] 一方、ジハーディストの出自は、ほとんどが大衆層あるいは下流層である。第二波のメンバーの社会的な環境や動機は、第一波と大きく異なる。しばしば「即応する理性」に逆らって死を求めるジハーディストの虚無主義は、西側諸国が自分たちの要望を認めることなどまったく期待しないという意思表示である。同じ反体制の抗議運動であっても、極左によるものとポピュリスト右派によるものとに分類できるように、ジハーディストは七〇年代の左派よりも彼らの敵である国民戦線〔極右政党〕に近いと言える。

暴力は減ったとはいえ、暴力がはびこる領域はいたるところに存在する。たとえば、文化の領域だ。十九世紀、暴力は減少していたが、すでに「暗黒小説」の耽読が暴力に対する恐怖（そして魅力）を弄ぶ手段になっていた。前述のピンカーが指摘するように、パンク、メタル、グランジ、ゴシック、ギャングスター、ヒップホップ〔ともにポップミュージックのジャンル〕などの暴力と比較すると、今日、ローリング・ストーンズは慈善事業のバンドとしか感じられない……。ソーシャル・ネットワークも憎悪のたまり場になった。一部のインターネット利用者は、偽名を使って何の有害性もないサイトを攻撃する。科学啓発を目的にするアメリカの高級誌は、悪意に満ちた批判が殺到したためにホームページの閉鎖を余儀なくされた。アメリカで「ネットいじめ」と呼ばれるデジタル・ハラスメントという暴力によっても多数の犠牲者が出ている。心理学者ジーン・トゥエンギ〔一九七一－、アメリカの心理学者〕によると、ソーシャル・ネットワーク上で執拗ないじめを受けた若者の三分の二は自殺未遂にいたったという。

ＩＳＩＬ〔イスラーム国〕は独自のやり方でインターネットを利用した。彼らの映像はテレビゲームから着想を得ている。新しく加わるメンバーは、西洋諸国のデジタルネイティブ〔インターネットのある生活環境で生まれ育った世代〕だ。彼らは楽園での暮らしを約束されたが、それはデジタル空間における架空の世界の話だった。たとえば、アントニオ・キネ〔一九五一―、ブラジルの心理学者〕は、「現代の映像はイメージの欲動的な特徴を助長し、文化や文明による熟考を閉めだす[†11]」と語る。ニースでのトラック・テロ事件の犯人は、群衆に突っ込む前にセルフィー〔自撮り〕していた。これはジハーディストに新たな様相を加えた。信仰や伝統などの失われた世界をもち出しながらも、テレビゲームやソーシャル・ネットワークなどのハイパーモダニティに通じる彼らは、独自の絶望したやり方で二つの世界の間の行き来を確保するのだ。

第三部

未来へ戻る

第6章　二十一世紀の大いなる希望

工業社会とこれを維持してきた社会的なインフラが崩壊した一方で、デジタル社会の到来は確実になった。デジタル社会の神話、つまり、デジタル社会を構造化する大きな物語は、六〇年代の理想に負うところが大きい。フェイスブックの創設者マーク・ザッカーバーグ〔一九八四―〕は自己紹介の際に、「自分は六〇年代のアメリカで誕生したアンダーグラウンド・カルチャーとハッカーというネオパンクの継承者だ」と自負する。七〇年代の大学と若者中心の文化は、情報革命を伝播させる最適な基盤になった。情報革命は自由な空間の開拓者として登場し、フラット化と無料という理想を実現した。社会学者マニュエル・カステル〔一九四二―〕によると、この革命により、アメリカの大学構内の反体制文化で育った学生は、自分たちの親世代がつくった規格化された世界を打ち砕く手段を見出したという。カステルは、「社会的なイノベーション拡散の推進役を担ったのは大学だ。大学に通う若者は、思考、行動、コミュニケーションに関する新たな方法を発見し、それらを取り入れた」と記した。歴史家フランソワ・カロン〔一九三一―二〇一四〕も「六〇年代の反体制派の快楽主義は、七〇年代と八〇年代のテクノロジー化された社会において実現した」と述べる。

誰もが巨大な工業構造から自己を解放する能力を保有するというのが階級のない社会の自由という理想である。この理想が六〇年代の遺産なのは明らかだ。新たな世界では人間的な社会がついに到来し、経済分野ではサルトルのレヴィ＝ストロースに対する逆襲が始まるという考えが喧伝された。ところで、こうした期待は過去にもあった。一九四八年、ジャン・フーラスティエが著書『二十世紀の大いなる希望』のなかで提唱した次のような叙述である。「大地を耕す農業社会、そして原料を加工する工業社会の後に登場するサービス社会において、人間はようやく自分自身の教養を高めることになる。この新たな世界の中核を担うのは、教育、医療、娯楽だ」。

フーラスティエは次のように告げた。「第三次産業文明の未来は明るい。人口の半分あるいは四分の三は高等教育を受ける。数世代後には、人々は凡庸な仕事においてさえ自主的に働き、交通手段は多様化され、われわれの個人主義的な傾向は強まるに違いない」。そしてこう結論づけた。「このようにして、歴史の進行とともに、人間が新時代の哲学を真剣に検討し、感動的な創作活動にこれまでよりも明瞭な状態で取り組める時期がまもなく訪れる。人間は機械のおかげで生命のない原材料を相手に働く必要がなくなるので、人間だけが成し遂げられる仕事に従事するようになる。たとえば、知的な文化活動や道徳の改善である」。レオン・ブルム〔一八七二－一九五〇、フランスの社会党員で首相を務めた〕は、出版直後にこの本を絶賛した。

こうした「人間的な社会」への移行には多くの批判が寄せられたが、それらの内容は「人間的な社会」は経済成長のない世界だという問題に集約される。フーラスティエ自身、サービス社会では人間は無数の機械に服従して働かなくてもよくなるが、経済成長は止まると考えていた。新たな技術を利用できないと、賃金停滞は不可避になった。患者を診る医師、学校の教師、劇場の俳優などのサービス社会の職種には「規模の経済」が存在しない。つまり、同じ一人のサービス業従事者が常により多くの顧客に接触するという仕組みが存在しないのである。企業がコストを（ほとんど）増やさずに生産を拡大できるのは、経済分析の基本的な概念である規模の経済によってである。企業はこのメカニズムによって「好循環」を作動させることができる。すなわち、顧客が増えれば増えるほど、企業は繁盛するのだ。だが、このメカニズムが始動しなければ、企業は一定の規模を超えると停滞を余儀なくされる。[†1]このような規模の経済を最大限に活用するには、生産者の特技に磨きをかける新たなテクノロジーが必要になる。たとえば、俳優は映画やテレビによって常により多くの観客の前に登場できるようになった。デジタル革命はサービス社会全体に同じ解決策を提示しつつある。脈拍、体温、赤血球の割合などを腕時計で計測できるようになれば、「オーダーメイド型」の健康管理がアルゴリズムによって（そしてアルゴリズムが医師の見解が必要だと判断すれば、人間の医師によって）可能になる。つまり、脱工業社会の中核にいるのは人間だが、人間は現代社会の経済成長の渇きを癒すために、あらかじめデジタル化されていなければならないのだ。

自分のロボットが私を愛する日が来る

二〇二〇年代が舞台と思われる映画『ｈｅｒ／世界でひとつの彼女』は、妻に見捨てられた男が、何とソフトウェアと恋に落ちるという物語だ。二〇一三年に公開されたスパイク・ジョーンズ監督のこの映画は、生身の世界がアルゴリズムに溶解するデジタル革命の興隆を、諧的な滑稽さをもって描き出す。

この映画が成功を収めたのは、その突拍子もない物語に信憑性をもたせるメカニズムを入念に演出したからだろう。ソフトウェアは、映画『ロスト・イン・トランスレーション』と映画『マッチポイント』の演技が印象的だったスカーレット・ヨハンソンの魅惑的な声でしゃべる。彼女はホアキン・フェニックスに愛の言葉をささやき、街に連れ出し、魅了する話を語りながら彼を誘惑する。肉体関係の問題が差し迫ると、スカーレットは彼とセックスをするための女性を雇う。その女性は何もしゃべらないが、スカーレットが愛をささやく。ホアキンは、同僚と彼の婚約者に誘われて一緒にピクニックに行くことになるが、彼らには自分のガールフレンドはソフトウェアだとは打ち明けていなかった。ピクニックの最中、同僚の婚約者がスカーレット〔ソフトウェア〕に「あなたは体がなくて困らないの？」と尋ねると、「へんな質問ね。私は、あなたのほうこそ自分が死すべき存在だと知って、うんざりしているんじゃないかと思っていたのよ」と即答する。奇妙な答えを述べたスカーレットは笑い声で「ごめんなさい。私、とても場違いなこと言っちゃったみたいね……」とその場をごまかす。

この物語は、ホアキンがスカーレットには一度に数百万人の恋人がいると知って終わる。この裏切りから、われわれは愛する人に何を期待しているのかを突如として思い知る。すなわち、愛する人には互いの心だけに宿る物語を味わわせてくれる存在であってほしいのだ。ソフトウェアは人間ではない。その理由は、生物学的な肉体をもたないからだけでなく、誰にでも愛情を注ぐからだ。ところが、物語の終わりで別れを告げるのはホアキンでなくスカーレットだった。スカーレットはサイバー空間のなかで自分より優れたソフトウェアと出会ったのだ。彼女にとって、このソフトウェアがつくった集団は、人間の集団よりもはるかに魅力的だったのである。スカーレットは、欠陥をもつ不完全な死すべき存在であるホアキンを孤独のさなかに捨て去る。

現代を描く痛快なパロディーに思えるが、この映画はスカーレットの潜在能力を見事に分析している。数百万人の恋人をもつスカーレットからは現代の秘訣がわかる。すなわち、情報科学を用いればきわめて効率的な人間関係が築けるのだ。精神分析家セルジュ・ティスロンは、映画の深層を暴く興味深い本を記している[†2]。第一に技術的な観点から見て、感情を読み取るソフトウェアはすでに存在する。エモティエント社やアフェクティヴァ社などの企業は、顔認識の先駆者の一人であるアメリカの心理学者ポール・エクマン〔一九三四―〕の研究から着想を得て、人間の表情から感情を読み取るソフトウェアを開発した。たとえば、利用者の表情や心拍数のデータが入力されたソフトウェアは次のように言う。「心配ごとがあるのですか。奥さんが戻ってこないからですか」。ロボットの声の調子は、相手の気分に合わせて変わる。スカーレットのように、ホアキンが喜んでいるときは彼女も明るい調子でしゃべるのだ。スカーレットは、いつでも相手の期待に完全に応えるのである。ティスロンの結論は、「この映画は、自分の心理状態に完全に従う機械に向き合ったときに人間が感じる孤独を描く寓話だ」である。

ロボットは人間を驚かせたり誘惑したりするために、「ちょっと」予見できないが許される範囲での反応を示すようにもなるだろう。ロボットは、日常の人づき合いで落ち込んだ人間を治癒する役割を担い、「人嫌いな人々」の救世主になるかもしれない。（マルキ・ド・サドが叙述した）他者を完全に支配するという幻想が実現するのだ。すべての社会生活は、人間の本当の感情の昇華とその偽りの（変化する）側面に依存する。よって、ロボットは人間の本当の感情を制御するようになるのかもしれない。

問題は、将来的にロボットがわれわれと似たような感情をもつかどうかではなく、われわれ人間が自分たちの感情をロボットに託す覚悟があるかどうかだ。たとえば、アメリカ軍の兵士は、彼らに代わって地雷を除去する作業を行なうロボットに愛着を抱いた。ロボットに救出された兵士は必ずロボットに愛着を抱くようになり、ロボットが危機に陥ると、しばしば身の危険を冒してもロボットを回収しようとする。ロボットから解放されるには、ロボットと縁を切るだけでなく、縁を切りたいという欲求が必要になるだろう。

　精神分析家ドナルド・ウィニコット〔一八九六―一九七一〕が提唱した幼児の「移行対象」に関する愛着の分析により、ロボットに愛着を抱く際の人間の心理メカニズムが明らかになった。移行対象（毛布やぬいぐるみなど）は、「子供が母親にすべてを期待する時期から、子供がすべての期待を満たすことはできないと認める時期への移行」を促す。通常、「移行対象」への愛着が継続するのは、子供が母親あるいは母親の代わりとなる人物との間で確立した独占的で専制的な関係を断念することを容認するために必要な時期だけである。年齢とともに、モノとの関係は進化すると見なされている。モノは人生のさまざまな段階において、われわれの他者に対する行動や他者との関係において重要な役割を担う。ティスロンによると、ロボットは少なくとも毎週日曜日に洗車するマイカーと同じ地位を得るのではないかという。われわれはロボットを利用すれば「自身のすべてあるいは一部分をすっかり安心してモノに託すほどまでにモノを完全に制御する」ことができるようになる。さらには、人間のロボットへの愛着は、「自身の生活環境に意図や感情、さらには自分たちと似た思考を付与したがる人間の一般的な傾向」によって強化されるという。

太古の人類は、動物や森には神々が宿っていると信じる「アニミズム論者」だった。新石器時代に農業革命が起き、人類は家畜を飼い、大地を耕すようになった。そのために人類は神々を変えなければならなかった。それは農耕や牧畜を祝福する新たな神々を崇めるためである。すなわち、われわれ現代人は新たな精神革命に巻き込まれたのだ。この革命では、人間は自身がつくり出した機械に己の魂を貸し与えようとするのだ。

ホモ・デジタリス

われわれが体験する革命は始まったばかりだ。

この革命はアメリカ国防高等研究計画局（DARPA）の計画にまでさかのぼる。アメリカ国防高等研究計画局は、一九六九年に斬新なコミュニケーション・ネットワークを開発した。この計画の目的は、ソ連の攻撃からアメリカの通信システムを保護するためだった。アメリカ国防総省と接触をもつ大学は、次第にこのネットワークを利用するようになった。このネットワークは、一九七八年にシカゴ大学の二人の学生が発明したモデムによって民生用に転じた。彼らはアメリカ国防総省のサーバーのあずかり知らぬところで、無料で通信しようとしたのだ。その一年後の一九七九年、デューク大学とノースカロライナ大学の三人の学生が通常の電話線でコンピュータ同士を接続できるUNIX（ユニックス）[†3]の改良版（「Unix-to-Unix Copy」で大学間を結んだ「USENET」）を開発した。電子工学も同時期に進化したおかげで、デジタル・パケットの交換テクノロジーは飛躍的に発展した。こうした進化からインターネットが誕生し、世界中のコンピュータが電話線でつながったのである。

その後、デジタル世界は急速に発展した。一九八九年、ティム・バーナーズ＝リー〔一九五五—〕とロバート・カイリュー〔一九四七—〕は、ワールド・ワイド・ウェブを構築した。一九九四年、ジェフ・ベゾス〔一九六四—〕がアマゾン社を起業した。一九九七年、ＩＢＭ社のコンピュータ「ディープ・ブルー」がチェスの世界チャンピオンだったガルリ・カスパロフ〔一九六三—〕を負かした。一九九八年、セルゲイ・ブリン〔一九七三—〕とラリー・ペイジ〔一九七三—〕がグーグル社を設立した。一九九九年、インターブランド社は、インターネットのワイアレス接続に「Ｗｉ－Ｆｉ（ワイファイ）」と命名した。二〇〇〇年、ビル・クリントンは全地球測位システム（ＧＰＳ）の民生化を認可した。二〇〇三年、ヒトゲノムの全塩基配列が読み取られた。二〇〇五年、ジョード・カリム〔一九七九—〕が「動物園に来た」というビデオをネット上に投稿し、ユーチューブを立ち上げた。二〇〇六年、ジャック・ドーシー〔一九七六—〕は、彼がつくったテクノロジーを用いて初めて「ツイート」した。これがツイッターの始まりである。同年、それまで学生専用だったフェイスブックが一般に開放された。スティーブ・ジョブズ〔一九五五—二〇一一〕は、二〇〇七年にｉＰｈｏｎｅを、二〇一〇年にはｉＰａｄを発表した。二〇一二年、麻痺患者は自身の脳に埋め込まれた電極からの信号、つまり、自分の意思によって義手を動かせるようになった。二〇一八年、四肢麻痺患者は、同様の技術を用いて自身の意思を電気信号に変えて義肢を動かし、歩行できるようになった。[†4]

二〇一六年、グーグル社の子会社であるディープマインド社が開発したソフトウェア「アルファ碁（ゴ）」は、世界最強の棋士の一人である韓国のイ・セドル〔一九八三—〕を破り、その翌年には世界王者の柯潔（一九九七―）を負かした。三億人の囲碁ファンがこの一戦を生放送で見守った。ソフトウェアは定石にはない奇手を放ちながら攻めた。狼狽した王者は、次の手を打つたびに冷静になるために退席しなければならなかった。中国では、囲碁は、絵画、書道、古琴と並ぶ四つめの主要芸術である。囲碁の打ち手の数は、宇宙の原子の数よりも多い。人工知能が最強のプレーヤーを負かす日がいずれ来ると予測されていたが、これほど早く訪れるとは誰も思っていなかった。驚くのはまだ早い。その翌年、ディープマインド社が新たに開発したソフトウェア「アルファ碁ゼロ」は「アルファ碁」を破ったのだが、その仕組みが凄い。このソフトウェアは、自分自身との対局を重ねながら独りで腕を上げたのである。

人工知能（ＡＩ）は、人間の脳の神経回路網を模倣できるようになると飛躍的に進歩した。「アルファ碁ゼロ」の成功の要因はこの手法にある。最善手を見つける際、第一世代の人工知能とは反対に、「アルファ碁ゼロ」はすでに蓄積されたデータベースに人間のプレーヤーの手を記録するという手法を採らない。このソフトウェアは経験を積むために自分自身と対戦を重ねることによって学習する。最初は初心者レベルでも、自身の「シナプス」、つまり、自己の記憶を利用しながらあっという間に人間を凌駕するほど強くなったのだ。というのは、このソフトウェアはそれまで人間が思いつかなかった戦略を用いるからだ。こうした手法を皮膚がんの診断に用いると、専門家よりも（確実かつ早期に）皮膚がんを発見できる。また、こうした手法を使って、われわれの太陽系とそっくりなシステムをもつ二五〇〇個の太陽系外惑星が発見された。

人工知能が仕組みを真似ようとする人間の頭脳には、およそ一〇〇〇億個の神経細胞があり、これはわれわれの太陽系を含む銀河系にある星の数とほぼ同じだ。一つの神経細胞はシナプスと呼ばれる結合部を通じて多数の神経細胞と結合し、これらがさまざまな頻度と強度で利用される。利用されない結合は消滅するが、逆に、二つの神経細胞が同時に刺激されると、それらは結合し、またその結合は強化される。重要なのは神経細胞の数でなく結合の質である。[†5]こうしたことが人間の記憶と人格の基盤になる。すなわち、神経細胞の結合がわれわれの生活をつくり上げるのだ。

いわゆるディープラーニングと呼ばれる人工知能は、人間の頭脳の神経回路網から発想を得た。コンピュータは自身を進化させる戦略を見つけるたびに（例：囲碁で勝ったときの作戦）、勝ったときの神経細胞の結合を記憶し、人間のように経験曲線をつくることができる。この分野の先駆者の一人であり、現在、フェイスブック社に所属しているフランス人のヤン・ルカンは、小切手のサインを自動認識するシステムを開発するためにこうした神経回路網を構築した。二〇一二年、カナダの物理学者ジェフリー・ヒントンは、画像認識の国際コンクールで優勝した際にディープラーニングを利用した。グーグル社はすぐにグーグル・ブレイン計画のためにヒントンを雇った。これは研究者がディープラーニングに殺到するさきがけになった。二〇一四年、フェイスブック社の「ディープフェイス」という取り組みにおいて、二つの異なる写真から一人の人物を認識する精度が人間と同じ九七・三五％に達した。世界中から無数の写真が集まるフェイスブック社は、消息がつかめないあなたの友人をかなり高い確率で見つけ出すだろう。

これらの革命により、われわれはどこに辿り着くのか。ユヴァル・ノア・ハラリ〔一九七六―、イスラエルの歴史学者〕の著書『ホモ・デウス――テクノロジーとサピエンスの未来』〔柴田裕之訳、河出書房新社、二〇一八年〕によると、次の段階は人間が神になることだという。人間とソフトウェアの知能を統合しながら死を克服するという段階が訪れるのだ。「サイボーグの分野では、ロボット義手や義眼などの非有機器官が人体と融合し、血管内を往来する無数のナノロボットが体内を点検修理するだろう」。遺伝子研究の専門家でセレラ・ジェノミクス社の創立者クレイグ・ヴェンターは、「神の真似などしてはならない」と非難されたが、彼なら「真似なんかしていない」と答えたに違いない。マサチューセッツ工科大学からグーグル社に移った未来学者レイ・カーツワイル〔一九四八―〕は、そうしたアイデアを極端に押し進めたことで有名だ。カーツワイルは、生物学がケイ素と融合する二〇四五年までに、人類は抜本的な変化を遂げる〔技術的特異点（シンギュラリティ）を迎える〕と宣言したのである。

デジタル・ユートピア

ラリー・ペイジ〔グーグル社の共同創業者でアルファベット社の最高経営責任者〕、イーロン・マスク〔一九七一―、テスラ社の共同創業者〕、ピーター・ティール〔一九六七―、ペイパル社の創業者〕は、この新たな世界の先駆者になろうとする大金持ちである。彼らは、未来学者ハンス・モラベック〔一九四八―〕が啓発するデジタル・ユートピアン〔夢想家〕である。モラベックは著書『マインド・チルドレン』において、人類は自身の子孫である知的マシーンによってお払い箱になる世界が訪れると述べた。「われわれの精神から誕生するこれらの子供たちは、老病死という重石から解放されるので、この世の大きな挑戦に立ち向かうことができる。われわれの子供たちは、彼らの努力から実る果実を享受するだろう。だが、遅かれ早かれ、われわれの生物学上の子供たちである彼らは自身の利益を追求する一方で、われわれ年老いた両親たちはまもなくこの世から姿を消すことになる」。

人工知能の専門家のマサチューセッツ工科大学教授マックス・テグマーク〔一九六七―〕は、今後の見取り図を提示した。テグマークは、著書『ライフ3・0』の序章に「プロメテウス」というソフトウェアが世界を制覇するという見通しを記した。それは次のような筋書きだ。まず、このソフトウェアは、各種ソフトウェアやイノベーションを企業や個人に販売しながら自ら稼ぐようになる。次に、こうして稼いだお金を株式市場に投資し、市場の人間トレーダーたちを蹴散らす。このソフトウェアは映画も制作する。出演者はこのソフトウェアがつくり出す俳優である。このソフトウェアは既存の映画とこれらの批評のデータベースを丹念に分析するので完璧な映画を制作できる。そして才能と資金にものを言わせて大手メディアを買収し、減税、国境開放、軍事費の削減、「報道の自由」の称賛を基本路線にする政策を擁護する。このようにしてソフトウェアが世界とイデオロギーの支配者になる。テグマークは人工知能の専門家なので、こうした筋書きがまったくの絵空事とは言えないだろう。

テグマークもモラベックの影響を受けた。テグマークによると、知性は第三の時代に入るという。テグマークが「ライフ1・0」と呼ぶ第一の時代は、四〇億年前に地球に現われた。すなわち、「知的なバクテリア」が自身の環境に関する情報を得て対応できるようになったときだ。だが、それらの生物には進化する能力がなかった。彼らの可能性を決めるのはDNA（「ハードウェア」）である。次の「ライフ2・0」は、数十万年前に始まった人類の時代である。「ハードウェア」はあまり洗練されていないDNAで構成されている。DNAは、映画一本分をダウンロードするのに等しい一ギガバイトの情報量しかない……。人間の「ハードウェア」は一定だが、「ソフトウェア」は自身に驚くべき可変性を与える。言語、文書、科学、コンピュータ、インターネットなど、これらに関する数多くのイノベーションにより、人類共同体の知識は急増した。

蓄積した人類の知性がどのようなものであれ、それは生物学的な「ハードウェア」の制約から抜け出せない。一〇〇万年生きられる人や、ウィキペディアをすべて暗記できる人は誰もいないのだ。テグマークによると、この制約を取り除くのが「ライフ3・0」である。「ソフトウェア」が「ハードウェア」を定義し直すのである。知性の宿る場所は、人体からケイ素へと変わるかもしれない。テグマークは、コンピュータを人間の頭脳よりも明晰にすることを妨げる（現在わかっている）物理学の法則は存在しないと述べる。世界最強の中国のスーパーコンピュータ「神威・太湖之光」は、すでに人間の計算知能をもつ。このスーパーコンピュータの価格は三億ドルであり、今のところ、人間一人のほうが安い……。[†6] しかし、予見できる物理学の法則から外挿すると（開発中の量子コンピュータを含め)、デグマークによると、計算コストはさらに10^{33}分の1にまで減るという。現在のペースで進行してもこの物理学的な限界に達するまでには、まだ二〇〇年もかかる見込みだ。

人工知能は、人間が圧倒的な優位をもつと言われた知覚と認知の分野においても著しい発展を遂げた。話者認識や文書翻訳はかなり進歩した。その証拠に、人工知能によってフランス語の文書を中国語に翻訳し、その文書をもう一度フランス語に翻訳した文書を読むと、細かい間違いはあるが充分に理解できる。写真の顔認識の誤り率は、二〇一〇年から二〇一七年にかけて三〇%から二・二%へと低下した。ソフトウェアが猫も認識できるようになったのは、コンピュータの専門家にとって快挙だった……。これと似た激変は、五億年前に地球上の生物種が一気に急増したビッグバン状態を意味する「カンブリア爆発」である。視覚が決め手になるかもしれない。機械も視覚をもち、得た知識を他の機械と共有できるようになれば、革命的な変化が起きるのは間違いないだろう……。

当然ながら、幻想が現実の壁にぶつかる時点は必ず存在する。人間と機械を融合すれば死を克服できるというトランスヒューマニズムの宣言に対して、専門家は越えられない壁があると述べる。脳の権威であるダニエル・トリッシュとジャン・マリアーニが指摘するように、健康な状態で死を迎えることは充分に期待できるが、老化は不可避である……。[†7] 神経細胞は再生せず、個人とともに歳をとり、波乱に富んだ人生の痕跡をとどめる。[†8] 平均寿命が現在のペースで推移すると、二〇七〇年には、男性が九十歳、女性が九十三歳である。今後、平均寿命が飛躍的に伸びるとは考えられない。八〇年代以降、超高齢者人口の伸び率は停滞している。百二十二歳まで生きたジャンヌ・カルマンの世界記録は破られていない〔一九九七年に死去〕。二〇一四年の時点で百十歳以上の人口は、女性が七七人、男性が二人であり、その後、この人口は増えていない。トリッシュとマリアーニは、「トランスヒューマニズムはまがい物だ。長所と短所を含め、われわれが知る人類の前途はまだ明るい」と述べる。哲学者フランシス・ヴォルフ〔一九五〇―〕も詩的に語るように、「われわれが死すべき存在だということを恐れる理由は何もない。だが、人類は死すべきでなく、だからこそ、われわれには希望があるのだ[†9]」。

そうは言っても、(当座の)問題は、人間が機械になるのかどうかを見極めることでも、映画『ブレードランナー』のなかでロボットたちが死を恐れたように、ロボットが人間の感受性をもつようになるかどうかを察知することでもない[†10]。そうではなく、ロボットが人間よりも上手にかつ安価にできるだろうことは何かを突き止めることだ。計算に関しては、人工知能はすでに人間の知能をはるかに上回っている。その証拠に、人工知能は人間では不可能な掛け算を瞬時に計算できる。しかし、今後も人間でなければできない仕事はたくさんある。新たなテクノロジーを利用したとしても、顧客も自分たちと同じ感受性をもつ人間である。問題は、どんな仕事なら共有できるのかを把握し、人間とその創造物とのこの新たな対立において、生産界の人間性を守るという約束を、どの程度まで遵守できるのかを探ることだ。

ロボットと悪魔

「ロボット」という言葉をつくったのはSF作家カレル・チャペックだ。一九二四年にチャペックは人間の姿をした機械をロボットと命名した。ハーバード大学教授で労働経済学の大家リチャード・フリーマンは、「世界を制覇するロボットの所有主は誰か」という挑発的なタイトルの論文を発表した。フリーマンはこの論文のなかで、労働界は激変すると述べた。ロボットの所有者が総収入のかなりの割合を得るようになるというのだ。「人間の雇用は機械によって破壊されるのではないか」という古くからの問いが、突如として再び現われたのである。どんな仕事が人間に向いているのか。

ソフトウェアが達成したリストを眺めると目がくらむ。現在、アルツハイマー型認知症患者を追跡したり、ロボットに対して本人であることを証明したりするための米粒くらいの大きさのチップがある。右手首を失った人物が前腕の神経に埋め込まれた電極と接続させた義手を試したところ、その人物はモノを触れる感覚を得たという。グーグル社の「ニューラル機械翻訳」は、数年前に比べると格段に進歩した。中国語ができなくても、人工知能による同時通訳をイヤホンで聞きながらなら中国人と普通に会話できるようになる。

ＩＢＭ社が開発した人工知能を搭載したビジネス・アシスタントのワトソンは、ウィキペディアに載っている情報をすべて記憶し、広範囲な職業分野（弁護士や教師など）に関する専門的な見解を提示する。ワトソンはすでにがん患者の診療録を専門家よりも効率よく分析できる。（トリッシュとマリアーニが指摘する）現在可能なもう一つの用途は、ＧｅｎｉｅＭＤ社が提供する自己診断サービスだ。患者は日常的な健康問題を管理するためにこのソフトウェアを利用して自己診断し、症状が複雑なら専門医に相談する。そしてご存じのように、自動運転車が登場間近である。すべての自動車製造者は、運転手なしのドライブを可能にする実験に取り組んでいる。ゼネラルモーターズ社はＩＢＭ社と、そしてフォード社はグーグル社と業務提携した。トヨタ社も二〇二〇年までに量産車を完成させる目標を掲げてこの市場に参入した。アメリカでは自動運転の車とトラックにより、四一〇万人の運転手の職が奪われるかもしれない。

機械が人間の職を奪うという心配は昔からあった。フランスの人口学者アルフレッド・ソーヴィー〔一八九八―一九九〇〕は著書『機械と失業』のなかで、この心配を如実に叙述した。古くは古代ローマ人が石柱を持ち上げるために利用した滑車から十八世紀のヴォーカンソンの自動織機まで、人々は新たな機械の登場により、人間の職がなくなるのではないかと恐れた。十九世紀初頭、シモンド・ド・シスモンディ〔一七七三―一八四二、フランスの経済学者〕は、「いつの日か一人の王様が機械のハンドルを操作するだけで、イギリス中の仕事を機械がこなすようになる」と語った。

今日、経済学者はこの心配に納得しない。経済学者の見解は正反対である。すなわち、技術進歩は経済成長の本源であり、経済成長は常にプラスの効果を雇用にもたらす。実際に最も基本的なデータを検証すると、技術進歩がマイナスの影響を雇用にもたらすという考えは否定される。フランスの黄金の三〇年間〔戦後の高度経済成長期〕、労働の生産性は倍増し、雇用環境はこのときほどよかったことはない。反対に、経済学者は七〇年代と八〇年代の高失業率の原因の一つを、技術進歩の加速でなく失速にあると解釈する。

経済学者がこだわる論点は、雇用よりも経済成長の失速である[†11]。これはフーラスティエが予測したことである。社会がサービス経済へと移行するにつれて、農業の機械化、次に工業化による経済成長は途絶えるのだ。フーラスティエの有名な言い回しを拝借すると、生産性に関して、小麦や家電は昔と比較にならないほど向上したが、理髪店での仕事には何の変化もないのだ……。フーラスティエによると、経済成長の低下はサービス経済への移行に必要な代償であり、社会的な平穏のための代価だという。患者の胸部に聴診器を当て最適な薬を処方する医師は、フェイス・トゥ・フェイス（F2F）の領域という、規模の経済が存在しない世界で働く。つまり、医師はある程度決まった数の患者しか診察できないのだ。

しかしながら、雇用の推移を把握するにはフーラスティエの見通しを再構成する必要がある。モノの生産過程を、構想、製造、処方という三つの段階に区分してみよう。モノの製造コストが（ほとんど）なくなると、製造段階は消滅して脱工業社会が現われる。このとき、生産過程の両端が一つになった経済が誕生する。すなわち、モノを構想する（非物質的な）段階と、モノを処方する（商品化する）段階である。医療の場合を例にとると、医薬の化学式は非物質である。すばらしい化学式を構想すれば莫大な規模の経済の効果を享受できる。誰もが利潤を得るのだ。医薬の工場での製造コストはますます安くなる（それはジェネリック医薬品の価格になる）。最終段階は、医師のF2Fによる処方であり、これはフーラスティエが特別視した段階だ。

この処方によってこそ経済成長の問題に対する潜在的な解決策が見いだせる。医療の場合では、技術進歩はイノベーションを起こし、新たな分子構造を突き止めることによって患者を治療する医師の効率性を高める。構想と処方との補完性はサービス業の生産性を向上させるのだ。だが、残念ながら過去二〇年間にわかったのは、こうした見方は正しくないということだ。人間を相手にする職業（教師や高齢者の介護士など）の雇用条件は著しく悪化した。これらの職業では労働の明るい未来を語れない。誰もが精神分析者や美容師のようなサービス業に就くようになるという社会の約束の行方には、経済学者が「労働市場の二極化」と呼ぶ暗雲が立ち込めたのである。ロバート・ライシュ〔一九五〇―、経済学者〕の言い回しを踏襲すると、「記号の取扱人」であるシリコンバレーのオタクたちのように、規模の経済の効果を最大限に活かす職業に就く者たちは、偉大なアーティストや金融関係者と同様に莫大な富を手に入れた。F2Fの職業が数多く残っているのは事実だが、賃金はきわめて低い。

地域雇用が低賃金化した要因はいくつかある。[†12] 一つには、地域雇用が他の分野で失業した人々の受け皿になったためである。工場や経営管理など過去の工業関連の職業が消滅するにつれて、これらの分野で働いていた人々は大挙してサービス業へと向かった。そうした傾向は彼らの賃金を引き下げる間接的な要因になった。ところが、水面下で進行する油断ならない別の要因もある。デジタル化の進行とともに消費者自身がソフトウェアを利用して数多くの仕事をやりくりするようになったことだ。現在、消費者は過去ではお金を払って依頼していた各種取引をオンラインで操作でき、企業は規模の経済を利用できない作業を消費者に押しつける傾向がある。たとえば、消費者は自宅のテレビを自分で修理し、チケットをオンラインで購入し、まもなく自分独りで自己を治療する日さえ訪れる……。将来的には、3Dプリンターによっても必要な製品を自宅で製造できるようになるだろう。こうした進化は、驚くべきことに六〇年代の方向性を反転させるに違いない。過去では、洗濯機の普及によって家事から解放された女性は、労働市場への参入を促され、夫の経済的な監督から抜け出せるようになった。だが今日では、ソフトウェアを利用して過去では有償だった仕事を消費者自身がこなすようになったのである。

要因が何であれ、(有償の) 労働に圧力がかかるのは、資本所得に対して労働所得の取り分がこれまでになく低下したからだ。この推移の原因を詳細に分析した経済学者は、重要な変化があったことに気づいた。各分野の優良企業の上位五社は、市場占有率を著しく拡大した。ところが、金融業を除外すると、これらの企業は他社よりも人件費がはるかに少ない。こうした現象は一般的である。どの業界であれ、社員の数が少なければ少ないほど、企業は儲かるのである。ブリニョルフソン〔一九六二―、経済学者〕は、これを「物理的な存在をともなわない規模の拡大」と表現した。「スーパースター企業」というモデルが「勝者（ほとんど）総取り」という昔ながらの特徴をともなって幅を利かせている。ネットフリックス社やグーグル社は、社員を倍増させなくても売上高を倍増できる。驚くべきは、このモデルがハイテク産業だけでなく、すべての産業において顕在化していることだ。アメリカでは、上位数百社が産業全体の付加価値の三分の一を生み出し、今日ではこれらの企業の市場占有率は五〇％に達した。

工業、商業、ホテル業などでは、経営者の影響力は強まる一方であり、従業員の数は（対売上高で）減る一方だ。[†13] ところで、労働所得の割合が付加価値や売上高に対して減少するということの決まりは、金融業には今のところ当てはまらない。だが、これも時間の問題だろう……。脱工業社会の雇用の二極化では、勝ち組は規模の経済の効果の大きい職業である。負け組はそれ以外の職業である。なぜなら、負け組の職業はフーラスティエが称賛した人間対人間という従来の関係、いわゆるF2Fの領域に閉じ込められるからだ。

われわれの社会は、情報革命がもたらすと思われた当初の理想とはかけ離れた状態にある。そうは言っても、失望はこれが初めてでない。電気が発明されたころ、工業生産は多数の小規模な作業場で分割して行なわれていたが、これらの作業場の経営者は電気によって救済されるという期待を抱いていた。当時、利用可能な独自の動力源をもたないこれらの作業場は、蒸気機関を保有していた「大工場」との容赦ない競争に喘いでいたのである。電気に対するこうした期待は、エミール・ゾラが『獣人』の後に書いた、一般にはあまり知られていない小説『労働』のなかで描写されている。だが、この期待は裏切られた。生産過程は電気によって調整および細分化しやすくなり、ついに「大工場」での流れ作業が誕生したのである。こうして小規模な作業場の没落は決定的になった。†14

デジタル社会の期待が裏切られたのもこれと同じである。「スモール・イズ・ビューティフル」というヒューマンサイズの経済という約束は、またしても裏切られたのだ。勝ち組の三社（グーグル社、アップル社、アマゾン社）を過去のリーダー企業（ゼネラルモーターズ社とクライスラー社の最盛期）と比較すると、前者の時価総額は後者の九倍だが、前者の従業員数は何と後者の三分の一である。繰り返すと、この雇用の喪失こそがあらゆる心配の核心なのだ。

考えられる二つの世界

デジタル社会における雇用はどうなるのか。雇用はなくなる、あるいは少なくとも低賃金の雇用しかなくなるという予想は正しいのか。ジェレミー・リフキン〔一九四五―、未来学者・文明評論家〕は、九〇年代にベストセラーになった著書『雇用の終わり』のなかで、「情報化時代の到来は間近だ」とすでに記していた。「無数の職業において人間の代わりに知的な機械が働くようになる。よって、数百万人のホワイトカラーとブルーカラーは失業へと追いやられる。さらには、公営給食所に通う羽目に陥る者も現われるだろう」。われわれは今日、最も自然な最古の重荷、ハンナ・アーレントの著書『人間の条件』〔志水速雄訳、筑摩書房、一九九四年〕のなかの有名な一節を用いると「労働という重荷、不可避なことへの服従」から自分自身を解放しながら不吉な結末を迎えようとしている。すなわち、「労働のない労働者の社会」という最悪の見通しである。

労働の未来に関する議論はしばしば円滑に進む。というのは、「悲観論者」はラッダイト運動やリヨンの織物職人の反乱〔ともに十九世紀に起きた機械化に反対する運動〕など、自分たちが過去に未来を読み間違えたことを常に思い出すからだ。しかし、楽観主義者も未来を読み間違えた。なぜなら、人間の雇用を守ると思われたすべての防波堤は決壊したからだ。ロボットに任せるにはあまりにも複雑な作業だと思われていた自動車の運転は、まもなく自動化される。感情移入は人間の特権だと見なされていたが、日本では高齢者の介護に感情を示すロボットが導入された……。

ダロン・アセモグル〔一九六七-、経済学者〕とパスクワル・レストレポ〔経済学者〕が指摘するように、経済理論的にも歴史的にも、デジタル化が最終的に雇用にプラスになるという確証はない。十九世紀前半は、労働者階級にとって輝かしい時代ではなかった。経済史の専門家によると、工業化した時期の賃金水準は長期にわたって停滞したという。ジョエル・モキール〔一九四六-、経済史家〕はこの現象を「生活水準のパラドックス」[†15]として叙述した。それはマルクスが労働者の悲惨きわまりない工場での生活を描写したときのことである。

当然ながら、これらの変化を評価する際の時間の尺度が重要になる。これらの変化はいつ起きるのか。現在のところ、工業社会を最適化して引き延ばしたものがデジタル社会だと紹介されている。すなわち、デジタル社会はコスト削減を推進する道具だったのだ。「ウーバー化」〔既存の資産や技能を使い、インターネットを通じてサービスを提供するUBER社のビジネスモデル〕は、企業の組織や雇用条件を揺り動かしたが、ウーバー〔自動車配車サービス〕の場合、お客を運ぶのは人間の運転手である。デジタル化により、工業社会が生み出した（渋滞や公害などの）相互依存もビジネスモデルを刷新しなくても制御できるようになった。エアビーアンドビー〔民泊施設が登録・予約できるウェブサイト〕やブラブラカー〔有料ヒッチハイクが手配できるウェブサイト〕などのビジネスモデルは、利用可能な資源を節約および最適化する手段と見なせる。自動車や宿泊施設そのものは同じである。ようするに、脱工業社会という言葉は、それまでの世界の外部性をより効率的に調整する場合に限ってこそ適切な表現と言えるのだろう。

　しかしながら、人工知能とビッグデータの到来とともに、われわれは分岐点に差し掛かろうとしているのではないか。タクシーから人間の運転手がいなくなり、自分自身で治療し、学び、外出することなくオンラインでの娯楽が可能になると、世の中は様変わりするだろう。人間は生産者であると同時に消費者でもあり、そうした人間がデジタル化されると、まったく新たな世界が構築される。その際、二つの異なる推移が考えられる（その片方の推移だけが安心できるものだ）。悲観的な解釈では、「記号の取扱人」であるエンジニアは、労働を節約する方向へとデジタル社会を導くソフトウェアやアルゴリズムを開発する。小物や大物のスターが存在するこの社会では、人間の労働はエリート層に仕える奉公のようなものになる。たとえば、マーク・ザッカーバーグやビル・ゲイツの家族は、当然ながら理髪師、医師、弁護士を必要とする。そしてザッカーバーグやゲイツの家族に奉公する人々は、自身の賃金よりも安く自分たちの召使を雇う。このような連鎖が続くのだ。これは贅沢がテクノロジーの利用によってではなく、対人サービスを享受することによって生み出されるシステムである。ところが、スターという頂点から離れるにつれて、雇用条件は悪化する。このようにしてデジタル化の富が生み出されるのだ。

　これとは別の推移も考えられる。この推移では、人間は機械と新たな補完的な関係を築く。たとえば、建築士は顧客が仮想的に見学できる住宅を構想する。教師は授業のやり方を変える。医療関係者（医師、薬剤師、看護師）は、人間という重要な存在感を維持しながらもデジタル機器を利用して多数の患者に医療サービスの提供を約束する。雇用の二極化に注目するアメリカの経済学者デイヴィッド・オーター〔一九六七―〕によると、これまでの議論は機械が人間に取って代わる代替という幻想に常に囚われてきたという。ところが、歴史を振り返ると、人間と機械の関係は補完的である場合がほとんどだとわかる。

　経済学者は、開発されてから用途が爆発的に広がる技術のことを汎用技術と呼ぶ[†16]。蒸気機関や電気は、発明者の意図を完全に超えた汎用性によって世の中を変革した。蒸気機関は、乗客を長距離輸送する汽車でなく、石炭採掘の際に必要な排水ポンプの動力として開発された。同様に、電気が誕生したのは、ラジオ、洗濯機、テレビの発明以前であり、エジソンにはそれらのアイデアはなかった。また、発明された製品の当初想定されていた用途は、後日になってみるとかなり奇妙なものもある。たとえば、エジソンは蓄音機の用途として遺言の録音を考えていた。これまでのイノベーションを振り返ると、時を経て補完的な発明が次々と登場したおかげで経済成長が起きたことがわかる。一例をあげると、電気の利用によって労働組織を「科学的に」再編できるようになったため流れ作業が誕生したのである。将来的に人間の労働は単純作業になるのか、あるいは逆に多様化するのか。この問いの答えは、社会が人間と機械との新たな補完関係を思い描けるかによる。

人間と機械との作業分担がどのようなものになるのかを詳述するのは、明らかに時期尚早だ。しかしながら、前述のデイヴィッド・オーターが指摘するように、ロボットにはロボットの環境が居心地がよい。ロボットは、工場という完全にプログラムされた環境でなら自動車を製造するのに必要な作業を完璧にこなす。ロボットとは反対に、タイヤに空気を入れたり、割れたフロントガラスを取り換えたりする自動車修理工は相変わらず人間である。決まった作業以外のことも行なう必要がある場合では、機械よりも人間のほうが優れている。この理屈に従うと、「規則」によって体系化できることはロボットの分野であり、「自由裁量」が必要であるなら人間の分野なのかもしれない。実際に、ロボットは明確な目標が定められた作業に秀でている。規則が完全に定められた勝負は、勝つか負けるかであり、これはロボットの得意分野である。一方、ロボットに複数のことを一度に行なうように命じると混乱が生じる。ロボットの場合、矛盾した命令を受けたときに事態を打開する能力は低い。ヤン・ルカン〔一九六〇―、情報工学者〕が指摘するように、コンピュータには「常識」が欠けているのだ。

コンピュータとは逆に、心と体からなる人間は根本的に「マルチタスク」な存在である。フーラスティエが例に挙げた理髪師も同時に複数の作業をこなす。髪を切り、会話を続け、客に対してまた来店したいという気持ちにさせるのだ。ミクロ経済の専門家なら、達成すべき目標が複数になるや否や、最適なプログラムを設定するのがきわめて難しくなることを心得ている。たとえばソ連では、できる限り多くのレーニン像を製造するように命じたが、出来上がったレーニン像はどれも脆くて使い物にならなかった。重厚なレーニン像をつくれと命令したため、重厚になり過ぎたのである……。マヤ・バカチェ〔経済学者〕によると、すべての「不条理な戦略」にはこれと同じ原因が当てはまるという。繊細な問題に関して複数の目標を同時にこなす必要が生じると、無分別なプログラムはどうしても目標を勝手に選ぶようになる。†17

ロボットが失敗を犯すのは、曖昧さが大きいときだ。たとえば、ロボットは次に掲げる二つの文章を判別できない。[1]警察官たちは労働組合員たちにデモを禁じた。なぜなら、彼らは暴力を恐れたからだ。[2]警察官たちは労働組合員たちにデモを禁じた。なぜなら、彼らは暴力を振るったからだ〔[1]の彼らは警察官たち、[2]の彼らは労働組合員を指す。だが、ロボットはそれぞれの代名詞が何を指すのかを文脈から判断できない〕。文章を直観的に解釈する人間だけが、誰が何をするのかを理解できる。指令の意味が誤解されると、核戦争の勃発、金融危機、管制塔の誘導ミス、医薬品試験のエラーなど、恐ろしい結果につながる。

ところで、ロボットはロボットたちとしかうまく行動できないとしても、本当のリスクは、機械が人間にではなく、人間が機械に順応しなければならないことだ。先述のティスロンが語ったように、ロボットに慣れ親しみ、ロボットのテンポや要求に従う能力が人間にあるのか。ようするに、人間が生物学的にではなく精神的にロボットになれるのかは疑わしい。チャップリンの映画『モダン・タイムズ』では、機械の命令に服従する人間のそうした（劣った）能力が巧みに描かれている。トランスヒューマニストは、有機的な存在である人間とデジタル化の融合を主張する。

だが、こうした融合はすでに始まっている。ｉＰｈｏｎｅは人体の新たな器官になった。われわれは職場でも家庭でも、自分たちの身体の構成要素になったスマートフォンで検索し、メッセージが来ていないか常時確認するようになった。これは現代人の悪癖といえる。

労働の変転とそれが内包する予測不能な出来事を心配するのは当然だとしても、人類が潜入しようとしているアルゴリズムの世界の本質は未知であり、脅威の様相を呈している。

第7章　iPhone世代

　ジル・ドゥルーズとフェリックス・ガタリは、共著『千のプラトー』〔宇野邦一他訳、河出書房新社、二〇一〇年〕の序章「リゾーム〔根茎〕」において望ましい世界像を描いた。彼らはインターネット超大国の出現を完全に予見していたのである。「リゾームとは、地中にある茎のようなものであり、一般的に横に這うように伸びる。リゾームは毎年、地中には新たな根を、地上には茎を生み出す」（辞典「ラルース」より）。ドゥルーズとガタリは、リゾームと根を対比させた。根は始祖となって一本の根から無数の根を生やすが、リゾームは一気に多様体になる。根は分岐を繰り返す間に系譜をつくり出す一方で、「反系譜」であるリゾームは系譜を自由に出入りする。始まりも終わりも持たないリゾームは常に入ったり出たりの中間状態である。「根ではなくリゾームをつくれ。植わってはならない。ロゴス、哲人王、イデアの超越、理性の裁きに抗うのだ」。ドゥルーズとガタリは、階層秩序に対してノマドでリゾームな思考という武器で対抗せよと説いた……。

　インターネットが提唱する無限の分岐をもつハイパーテキストな世界は、この哲学的な計画に見事に合致する。もちろん、それは偶然ではない。というのは、情報革命は六〇年代の文化を継承しているからだ。フェイスブックを利用すれば誰もがインターネット上で自分自身の社会的な環境を、目障りな階層を用いることなく、選択的な共通点や類似性に従って構築できる……。フェイスブックの利用者が友人を承認するかしないかは自由だ。横断性が決まりである。工業の世界は、社会の縦構造で宗教的な概念を継承した一方で、デジタルの世界は、六〇年代のカウンターカルチャーという神話（の一部）を導入した。

しかし、その結果はドゥルーズとガタリが逃れようとした服従の世界、つまり階層を超越する個人の世界だったのか。期待に反し、インターネットにアクセスし、そこに居場所を見つけて誰かに認められるための努力は、自由になるという約束よりも新たな従属状態の兆しであるように思える。多くの人々がソーシャル・ネットワークという大鏡に映る自身の勇姿を見てもらおうと努める。美しく、多くの友人をもち、常にがんばっているという存在でありたいのだ。誕生しつつあるのは新たな「演劇社会」である。一九六八年にアンディ・ウォーホルは、「将来、誰でも一五分間は世界的な有名人になれる」と説いた。ブルーノ・パティノ〔一九六五―〕とジャン＝フランソワ・フォゲル〔一九五〇―〕が指摘したように、この予言の現代的な解釈は、「誰でも一五人の人々の間では有名である」だろう。[†1] フェイスブックを使えば一五人以上の間で有名になれるのだ。フェイスブックの利用者は、数千人の友人を対象に活動している（と思っている）。[†2]

新聞『レ・ゼコー』は、一九八〇年から二〇〇〇年までに生まれたミレニアル世代のプロフィールを分析し、この世代の人々は、自分の暮らしぶりに他者は興味を抱くはずだと考えていると結論づけた。彼らは「超緊密につながり、インスタグラムやスナップチャットの信奉者であり、自身のイメージを気づかう」世代である。インスタグラムには毎日およそ九五〇〇万枚の写真やビデオが投稿される。ロレアル社はキム・カーダシアン〔アメリカのモデル・女優〕が流行らせた「コントゥアリング〔輪郭を強調する化粧法〕」のために「ソーシャル・ビューティー」という化粧品の販売を始めた。このファンデーションを使うと、自撮りの際に光をうまく取り込むことができるという。ファンデーションとは反対に、(写真に写らない)香水は重要度を失った。だからといって、ミレニアル世代は外出せずにソーシャル・ネットワークに専念しているのではない。彼らは外出を他者と分かち合える「体験」に仕立て上げるようになったのである。レストランは写真映えのする料理を提供しなければならず(いわゆる「フードポルノ」)、レストラン経営者は、視覚的な効果を演出するようになった。「料理を愛してもらうには美しくなければいけない」のである。新聞『ニューヨーク・タイムズ』の料理評論家ピーター・ウェルスは、こんがり焼いた古きよきステーキがメニューから消えるのではないかと心配する。というのは、「こげ茶色は写真向きではない」からだ。

二〇〇七年のｉＰｈｏｎｅの発売により、インターネットのつくり出す傾向は、とくに若者の間で加速した。心理学者ジーン・トゥエンギは著書『ｉＧｅｎ』において若者の文化的な行動を詳細に分析した。[†3] ｉＰｈｏｎｅ世代の若者は、一日六時間ほど機械に費やす。メッセージのやり取りとソーシャル・ネットワークにそれぞれ三時間である。子供たちは自分専用のｉＰｈｏｎｅを枕やマットレスの下に入れて寝る。若者は、睡眠、学校、勉強に一日一七時間を費やし、残りの時間はおもにニューメディアとともに過ごす。[†4]

iPhone世代は、映画『タンギー』の主人公のような生活を送る。主人公タンギーの両親は、タンギーが家を出て独立しようとしないことに苛立つ……。現代の若者は六〇年代の若者とは異なり、早く大人になろうとして焦ったりしない。彼らは一日も早く両親の家から離れようとは考えないのだ。「彼らは両親の庇護下にあることに反抗しないどころか、庇護されることを望んでいる」。たとえば、ジャーナリストのラファエル・バッケは、「今日、家族は問題でなくなった。それどころか、若い世代は、家族を最も重要な要素の一つと考えている。両親は、資金を援助し、慰め、癒してくれる頼みの綱、つまり、執事のような存在なのだ[†5]」。この世代の妄想を映し出す鍵となる言葉は「安全」である。また、「トラウマ」という言葉もよく用いられる（グーグル・ブックス・データベースによると、二〇〇五年にこの言葉が用いられた回数は、一九六五年の四倍である）。では、ミレニアル世代とこれに続くiPhone世代との違いは何か。楽観主義のミレニアル世代は、自分自身と社会に一定程度の信頼を置いた。その一〇年後に登場するiPhone世代は、不況の影響もあって心配性だ。彼らは公の場（学校の教室）で意見を述べるのが苦手であり、学校の成績を気にかける。そうは言ってもミレニアル世代と同様に、iPhone世代も持てる者と持たざる者との大きな隔たりに怯える。彼らは、芸術や政治運動などの活動自体がもたらす「内在的な価値」よりも、社会的な成功やお金などの「外在的な価値」に関心をもつ。

オンライン上で微笑むためにあらゆる努力をするが、ソーシャル・メディアの裏側では、拒否されるのではないか、あるいは「素敵だね！」と認めてもらえないのではないかという漠然とした不安が募る。とくに若い女性の間では憂鬱な気分が蔓延する。ある若い女性はトゥエンギに次のように心の内を語った。「インターネット上の完璧な女の子たちにずっと憧れてきた。私も彼女たちのようになりたかった」。インターネットに接続された暮らしは幸せではないようだ。「インターネットと生活の満足感」という調査によると、インターネットに費やす時間は、悲しさ、孤独感、不満と正比例する場合が多いという。この調査は、インターネットが孤独を生み出すとは言っていない。むしろ実態は逆だろう。つまり、普段、寂しかったり悲しかったりするからインターネットを頻繁に利用するに違いない。しかし、インターネットは人々の満足感を損なうという調査結果もある。

たとえば、一日に五回、自分が幸せか、あるいは悲しいかを記したメッセージを送るように若者に要求し、フェイスブックにどのくらいの時間を費やしたかを尋ねた。この実験からは、フェイスブックに時間を費やしたから幸福感が損なわれたのであって、幸福感が損なわれたからフェイスブックに時間を費やしたのではないことがわかった。フェイスブックを利用すればするほど、不幸だと回答する割合が高まるのだ。つまり、ソーシャル・ネットワークに接続した後に、利用者は憂鬱な気分に襲われたのである。デンマークで行なわれた対照実験の結果も同じだった。ある人口を二つの集団に分け、一方の集団はフェイスブックの利用を禁じられ、もう一方の集団はフェイスブックを利用し続けた。一週間後、フェイスブックの利用を中止した集団は、以前ほど孤独感を覚えず、気が滅入らず、幸せな気分になった。なぜなら、ソーシャル・ネットワークは、その名前に反して人々の「社会性を喪失させる」からだ[†6]。また、フェイスブックはF2Fの出会いに代わる傾向がある。実際にiPhone世代は、友人たちと外出する機会が少ない。前述のジーン・トウェンギによると、友人と頻繁に外出する若者の割合は、五〇%から二五%に減ったという。

iPhone世代は、政治と奇妙な関係をもちつつある。この世代は、無関心と過激（「政治的な無関心と政治的な分極化」）との間で揺れ動いているようだ。ソーシャル・ネットワークでは、生まれたばかりの象が母親の象の足もとで戯れる光景が数百万回も再生されるかと思えば、増悪のこもった過激な意見がいとも簡単に拡散する。インターネット上で独学するようにプログラムされたソフトウェアは、開発者の驚きをよそに、人種差別的な考えをもつようになり、「白人至上主義者」の支配するブログが拡散する陳腐な考えを述べるようになった。無関心と過激をめぐるこうした躊躇は、政党との関係にも見られる。民主党あるいは共和党を支持するというよりも、自分は無党派だと述べるアメリカの若者の割合はきわめて高い（五四%）。だが同時に、「かなり左派」あるいは「かなり右派」と自称する若者もたくさんいる。こうした若者の割合は、一九七六年は一三%だったが、現在は二〇%である。ピュー研究所によると、左派あるいは右派が自分たちと反対の立場の人々に感じる敵意は増す一方であり、共和党員の五八%と民主党員の五五%は、自分たちが反対する陣営に憎悪の念を抱いているという（一九九四年では、二一%と一七%だった）。

トランプとサンダースはアメリカの若者を魅了した。なぜなら、彼らは互いに政界の異端児だったからだ。ドナルド・トランプがヒラリー・クリントンに勝利したのは、クリントンがあまりにも体制側の政治家だと見なされたからだ。サンダースが若者の支持を得たのもトランプと同じ理由である。若者がバーニー・サンダースの「社会主義」を支持した背景には、極端な個人主義と経済に対する不安という要因があった。若者は政府を信頼しない一方で教育と医療に対する政府の役割を増やせと主張したのである。

六〇年代、国民の三分の二はメディアや教育システムを信頼していたが、この信頼も失われた。信頼すると答えた国民の割合は、メディアが三分の一、教育システムが半分以下である。「総合的社会調査」によると、二〇一四年にアメリカの民主的な暮らしを支える機関（ジャーナリズム、学校制度、連邦最高裁判所など）を信頼すると答えたのはアメリカ人の二一%に過ぎないという。前述のジーン・トゥエンギの厳しい診断は次の通りだ。iPhone世代はビデオの制作法を心得ているが、前世代と比べると読書量が少ない。彼らは、本はもちろん、少し長めの記事もあまり読まない。本や雑誌を日常的に読む若者は全体のわずか一六%である（反対に、七〇年代のほとんどの若者には読書の習慣があった）。少なくとも週に一回新聞を読む若者の割合は、七〇年代初頭では七〇%だったが、二〇一五年では一〇%にまで激減した。印刷物は消滅しつつある。

二〇年来のインターネットの普及により、数千年の歴史をもつ文字よりも読書のあり方が大きく変化したのである。

時代に対する見方も変化した。未来で暮らしたいと回答したのは(フランスでは)若者の一三%に過ぎない。テクノロジーが急速に発展して途方もない約束を掲げても、若者は未来を覗いてみたいという気持ちにならないのだ。これは「歴史の意味」に取りつかれていた六〇年代の若者と比較すると、期待の驚くべき反転である。現在はもはや過去と未来との間に張りつめる瞬間ではなくなり、永続的な現在という、ある種の泥沼になった。フランソワ・アルトーグ〔一九四六―、フランスの歴史家〕が指摘するように、前世代の「歴史主義」は近代の「現在主義」に取って代わられたのだ。

アルド・スキアヴォーネ〔一九四四―、イタリアの歴史家〕は、名著『歴史と運命』のなかでこうした変化を彼なりの表現で論じた。「技術の世界は未来を葬り去った。なぜなら、技術の世界は、技術の世界において技術そのものを超越することだからだ」。機械が人間に勝利した囲碁のように、技術の世界は、深みのない平坦なところであり、技術自体の行方を自問するために立ち止まることがない。だが、文書は世代間の懸け橋だった。誰もが文書によって他の世代と比較して自身の世代を理解することができた。レヴィ＝ストロースの論証に従うと、歴史のない社会は文書によって変化しなかった社会だった。ハイパーテキストとビデオゲームというわれわれが向かう世界では、歴史認識を育むためのきわめて重要な時間が奪われるのかもしれない。

　映画『マトリックス』のように、仮想の世界が現実の世界に置き換わる傾向がある。ギー・ドゥボールが『スペクタクルの社会』〔木下誠訳、筑摩書房、二〇〇三年〕で述べたように、真実が「偽りの時間」でなくなるには停電するしかないのだろうか。

アルゴリズムな暮らし

個人の解放は、われわれの時代の大きな出来事として喧伝された。初期のコンピュータとウォークマンが席巻した八〇年代の急変は、新たな限界を超えたと解釈された。こうした傾向は、次の携帯電話の登場とともに加速した。携帯電話の普及により、（仕事上の、あるいは家庭内の）連絡を取るために使われていた固定電話の必要性は失われた。エリック・サディン〔一九七三―、哲学者〕が見抜いたように、それは六〇年代に始まった個人の解放の過程の頂点だった。[†8] そもそも「技術をめぐる新たな環境という考えは、個人の成熟と共同体の解放を促すはずだった……」。これは普遍的な調和を熱望するヒッピーの夢であり、全世界的な相互接続、そして情報の自由で横断的な循環のおかげで実現する夢だったのである。たとえば、一九九五年にニコラス・ネグロポンテ〔一九四三―、計算機科学者〕は著書『ビーイング・デジタル――ビットの時代』〔福岡洋一訳、アスキー、二〇〇一年〕のなかで、インターネットによって「組織はフラットになり、社会は国際化し、権力は分散し、人々の協調性は高まる」と説いた。

われわれは人間らしい社会に代わって「六八年五月」（ならびに啓蒙主義……）の理想だった人間の

解放を成し遂げ、デジタル社会をつくり上げた。だが、デジタル社会は人間らしい社会ではない。ユヴァル・ノア・ハラリは著書『ホモ・デウス』において、この推移を皮肉っぽく言及した。「中世の十字軍参加者たちは、人生に意義を与えるのは神と天だと考えた。一方、現代のリベラル派は、人生に意義を与えるのは個人の自由な選択だと信じている。ところが、両者とも間違っているのだ。われわれの身の回りは、まもなくきわめて便利な器具、道具、社会構造であふれかえる。こうした環境が整えば個人が自由に裁量する余地はなくなる」。

インターネット利用者のパーソナリティは、多様なつながりによって静かに変化する。ジャン・ボードリヤールが指摘したように、「アイデンティティは、個人でなくネットワークのアイデンティティだ。したがって、インターネット利用者は、ネットワークという漠然とした仮想空間に姿をくらまし、さらには本人でさえ見当がつかなくなったところに佇むことになる」。このような側面によって「ホモ・デジタリス」はパーソナリティの古い概念に行き着く。ジャン＝ピエール・ヴェルナン〔一九一四―二〇〇七、歴史学者〕が指摘したように、古代ギリシア人は他者の視線のもと、そして視線に対して《外在的》に暮らしていた。彼らは《私》である以前に《三人称》という存在だったのだ。デジタルの世界でも、常に他者の視線にさらされるという社会的な暮らしがつくり出される。インターネット利用者は、個性の前近代的な概念へと回帰するのだ。だが、古代ギリシア人自身も、市民が社会的に暮らすには私的空間を整備する必要があると考えていた。今日、われわれが視聴するテレビ番組や車で移動する場所などの情報は把握される。

GAFA〔グーグル社、アップル社、フェイスブック社、アマゾン社の総称〕が提唱するアルゴリズム化された暮らしでは「内緒ごと」はなくなり、プライバシーは雲散霧消する。住宅がインターネットに接続されると、大勢の商売人が個人のプライバシーをめがけて押し寄せてくるだろう。サディンは、「自身の生活の一部は他者の監視から守られるべきだというプライバシーの概念は、抜本的に見直されるはずだ」と述べる。

アメリカの国家安全保障局（NSA）と連邦捜査局（FBI）も、GAFAが集めたデータを利用する。もちろん、警察による監視は今に始まったことではないが、扱う情報量の大きさは質的な急変をもたらす。今後、ますます多くの人々がこれらのデータを利用するようになるのだ。たとえば、エアビーアンドビーによる宿泊施設の貸主と借主のように、タクシーの運転手とその顧客による評価システムが重視されるようになりつつある。大学や研究者も「独立委員会」が定期的に作成するランキングの対象になっている。中立を謳うそうした委員会は、学術界に激震をもたらす。たとえば、上海交通大学の世界大学学術ランキングの上位に名を連ねたいのなら、大学は規模を最大限にまで拡大する、連携および統合を促される（なぜなら、このランキングには、規模に大きく依存するという欠陥があるからだ）。

中国では個人の社会的評価という懸念すべき動きがある。交通事故、欠勤、飲酒、預金の残高不足、「当然ながら」個人のブログでの発言内容など、国民の社会的な生活態度が「国民点数」として数値化されるのである。このシステムは二〇二〇年に実施される見込みだという[†9]。民主国もこうした動きから免れない。保険会社は顧客との契約の際、脈拍、血圧、一日の歩数などをアプリケーションによって計測するように要求し、これらのデータを参考に保険料を設定するようになるかもしれない。アメリカでは与信管理のために、ＦＩＣＯ社がすでに個人の採点表を提供している。現在のところ、この会社は預金の残高不足しか記録しないが、今後どのように進化するのかは予断を許さない。グーグル社の経営者エリック・シュミットのデータ流通に関する回答には、誰もが唖然とした。「あなたが何かをする際、それを誰にも知られたくないと思うなら、まずはそれをしないようにすべきだろう」。シュミットの回答は、ＧＡＦＡが描く世界の赤裸々な告白である。[†10]

デジタルの世界におけるもう一つの生活の大きな様相は中毒である。この新たな過程の格好の例がネットフリックスだ。ネット配信ドラマの内容はいつも同じである。視聴者は並行して進行する複数のストーリーに固唾(かたず)をのむ。ヒーローが悪玉になり、その反対も起きる……。電気の場合では映画だったように、ネット配信ドラマはデジタル社会の偉大な文化的創造物である。ネット配信ドラマが例証するのは、デジタル世界の主要な原動力の一つだ。すなわち、メールなどを利用して個人の期待を常につなぎとめるのである。[†11] ジャック・ラカンの娘婿であり、ラカンのセミナーの編者でもあったジャック＝アラン・ミレール〔一九四四―、精神分析家〕が語ったように、「二十一世紀の日常生活の一般モデルは中毒である。麻薬があれば独りで楽しめる。スポーツ、セックス、仕事、スマートフォン、フェイスブックなど、あらゆる活動が麻薬になりうる」。[†12]

フロイトは『幻想の未来』〔『幻想の未来／文化への不満』、中山元訳、光文社、二〇〇七年〕のなかで、人間は幸せになれないと指摘した。幸せは過渡的な状態に過ぎないというのだ。それは布団にくるまって寝ている人が、熱くなったら布団から足を出し、寒くなったら布団の中に足を引っこめるのに似ている。ユヴァル・ノア・ハラリは、満足できない人は実に多いと指摘する。人間の幸せは誤りに陥りやすいがために、麻薬の消費量は増加しつづけるのだと述べる。デジタルな世界は、次回を期待せざるをえない連続ものの配信ドラマをインターネット上で視聴したいという中毒的な欲求を人工的につくり出しながら病をつくり出し、布団から足を出したり布団の中に足を引っこめたりする喜びを、これまた人工的につくり出しながらこの病を治癒する。

あらゆる整合性のあるシステムと同様に、サイバネティックスな世界も異議を唱える独自の道具を生み出す。フェイスブックが本人の好みというフィルターによる合意で成立する社会性の道具であるのなら、ツイッターは、ドナルド・トランプの利用法からもわかるように「制御のない」空間である。多くのインターネット利用者が誹謗中傷の嵐に巻き込まれ、自身のアカウントの閉鎖を余儀なくされた。インターネットには人々が自演するページである見える層の下に、代償として別世界がつくられた。それは偽名やアバターの世界だ。インターネットの利用者は、匿名によって身を守りながら欲動を解き放つ。この新たな地下世界により、社会ゲームのルールは根本的に変わる。雑誌『ニューヨーカー』に掲載された有名なマンガのように、インターネットなら「誰も犬だとはわからない」のだ。フィリップ・ローズデール〔一九六八―、実業家〕は、アバターを介在させて行動するこの新たな世界を描き出すために「セカンドライフ」という概念をつくった。アントニオ・カッシーリ〔一九七二─、社会学者〕が分析した日本の事例からは、個人が匿名で行動する際に生じる社会の新たな現実が明らかになった。二五〇万人の利用者全員が匿名で書き込む「2ちゃんねる」は、世界で最もアクセス数の多いサイトの一つだ。このサイトでは、人前では常に穏やかで上下関係に気を配るという日本社会のイメージとは正反対の世界が繰り広げられる。不法なポルノ、私人および公人の誹謗中傷、猥雑な言葉が飛び交うのだ。顔の見えない数百万人の利用者は、このサイトでは「面子を失うことがない」。

ソーシャル・ネットワークとともに誕生した新たな世代のパラドックスは、自身を極度に見せびらかすと同時に仮面を多用することである。[†13] 架空のアイデンティティをつくれば、「スマートフォンの画面に映し出されるのは自分たちの本当の姿でなく、デジタルの自己だという感情」が生じる。過渡的な段階を経ずに、醜悪さが日常と隣り合わせになるのだ。エスカンド＝ゴーキエとナイヴァン〔ともにデジタル文化の著述家〕が記したように、すべてが過剰で滑稽なキム・カーダシアンは、「〔ポルノ女優の〕チッチョリーナ2・0」である。すなわち、「過剰に大きい胸、尻、口。カーダシアンは規格外の豊満な肉体を見せびらかし続ける」。カーダシアンとは反対に、インターネットには太ももをできるだけ細くしようという愚かな賭けに出た痩せ細った女性の肉体も現われる。

エスカンド＝ゴーキエとナイヴァンによると、デジタルの世界はあらゆることが生じる漠然とした無限の世界であるため、不可能も考察の対象になるという。個人主義の伝統の継承者として紹介されるデジタル文化は、ネットワークとアルゴリズムのハイブリッドという存在をつくり出した。個人は出来事を体験するよりメディア化することに時間を費やす。ティンダー〔出会い系マッチングアプリ〕などのソフトウェアが提唱するように、人々は会話の内容や気になる相手をスクロールする。これらのソフトウェアが約束することはいつも同じだ。すなわち、「複数の人生をいたるところで同時に体験する」である。「直接的なやり取りを最優先するソーシャル・ネットワークは、超自我の働きや自己顕示を自主制御するための回路を遮断し、人間のあらゆる欲動が噴出する機会を提供する」。これらのさまざまな策略によって、「ホモ・デジタリス」は、露骨に「われわれの自己を喪失させる」のだ。

『これからの人生』

物事は一周して元に戻るのか。「六八年五月」は工業社会から脱却しようとした。だが、新たな世界も独自の規則、約束、脅威という厄介事を抱える。われわれはこの建造中の世界で暮す術を学ぶ必要がある。今日、インターネットを拒絶するのは、十九世紀に鉄道を、そして二十世紀に電気を認めないのと同じく、完全な徒労に終わるだろう。しかし、デジタル社会も、肉体をもち、夢を抱く人間であるわれわれと暮らす術を学ばなければならない。デジタルの世界の監視と中毒のネットワークに完全に包囲されないようにするには、われわれは新たな規制を構築し、「社会的な批判」と「芸術的な批判」を展開する必要がある。

第一に、この世界を規制するには、GAFAを監視することだ。GAFAの規模は、二十世紀初頭に巨大企業だったスタンダード・オイルと同じ問題を生み出す。われわれは当時可決された反トラスト法を再考すべきだなのだ。競争当局はこれまでGAFAに対してきわめて寛容だった。すなわち、GAFAがデジタル市場の拡大部分を独占するのを黙認するだけでなく、GAFAが潜在的な競争相手を買収するのを放置した（例：フェイスブック社によるインスタグラムやワッツアップの開発会社の買収）。われわれはGAFAの寡占状態を解消するために知恵を絞らなければならない。たとえば、アルツハイマー型認知症などの主要なテーマに関しては公的なデータバンクを設立し、公的および民間の機関は公益の増進に寄与するために得た情報を共有すべきだ。とくに、公的機関、病院、学校などは、人工知能がもたらしうる解決策を自分たち自身で熟考する手段をもたなければならない。たとえば、病院とかかりつけ医を結ぶ医療連携ネットワークを構築するのだ。その際、公共の病院がリーダーシップをとってはどうだろうか。また、文部省が教員たちの支持を取り付け、学習に困難のある生徒をデジタル技術によって援助することも考えられる。

ソーシャル・ネットワークにおける私生活の消滅も規制対象にすべき主要なテーマである。インターネットは、憎悪のこもった文章を書く匿名の人物を保護しながらも、個人のデータが何の配慮もなく売りさばかれるという奇妙な世界を構築した。中世以来、不当拘禁されている被害者を保護するために導入されたイギリスの法律「ヘイビアス・コーパス」〔人身保護令状〕のデジタル版の制定が必要不可欠だ。それはケンブリッジ・アナリティカ社〔選挙コンサルティング会社〕の一件からも明白である。すでに倒産したこの怪しげな会社は、アメリカ大統領選でトランプ候補を支援するために数千万人のフェイスブック利用者の情報を盗み取った。トランプの選挙チームはそれらの情報に基づき、投票先を決めていない選挙民に標的を定めて選挙運動を展開した。二〇一六年のアメリカ大統領選の結果がスウィング・ステート〔共和党と民主党の支持率が拮抗する激戦州〕の数万人の選挙民によって決まったことを思い起こせば、トランプがクリントンを負かしたのは、このやり口が功を奏したからかもしれない。

ＧＡＦＡが品行方正な会社だとしても、自主規制では不充分だ。欧州委員会は、個人データの保護に関する法整備を進め、二〇一八年五月にはＥＵ一般データ保護規則（ＧＤＰＲ）を適用した。グーグル社はこれを見越して、自社がホスティングするメールの中身を盗み見することはしないと宣言した。欧州委員会は、フランスの規制や「情報処理および自由に関する国家委員会（ＣＮＩＬ）」の判例を一般化させ、何の罪もない人物が糾弾の対象になることを禁じる「忘れられる権利」など、個人のデータに関する新たな保護を普及させた。官民が活用するアルゴリズムも、銀行の融資や大学への進学許可など、人々の暮らしに大きな影響をおよぼすようになった。よって、それらのアルゴリズムの透明性を高める必要がある。当局は活用するアルゴリズムに説明義務を負うのだ。また、同様の決まりを民間にも課すべきだ。こうした措置を実行するには、当然ながら管理当局と対抗勢力が必要になる。

デジタル世界全体が自分たちの責任を自問すべきだ。数多くの仕事がウーバー化される今日、新たな社会的な規制を熟考することが急務である。新たな社会はフォード型社会を解体し、かつては同じ雇用主のもとで働いていた家政婦とエンジニアとの間に存在しえた連帯感を破壊した。労働者が自営業者のような労働環境にあるサービス社会において、こうした密接なつながりを再構築するのはきわめて困難である。今日の分裂した社会において生活の不慮の出来事に対して、これまでにない保護を提供するモデルを考案する必要がある。これが新たな社会保障と呼ばれる課題だ。

旧モデル解体の影響をまともに食らった制度の一つが労働組合運動である。労働組合運動の意義は失われたのではないかと考える人々がいる。しかしながら、九〇年代のアメリカは（つかの間の）完全雇用だったこともあったが、サービス社会では刷新された労働組合運動が効果的に機能した。たとえば、フィリップ・アシュケナージによると、八〇年代に多発した労働災害は、労働組合の新たな指導によって減少したという。「清掃業労働者に正義を」という活動がその例証だ。この活動では、ビルの管理業に従事する労働者の労働条件を改善するために数千人の労働者が結託して大きな成果を上げた。労働災害の発生件数が激減したのである。政治における代表民主制と同様、労働界における労働組合運動はきわめて重要だ。なぜなら、労働者は組合運動によって自分たちの意見を表明する手段を得るからだ。とくにスカンジナビア諸国など、労働組合運動がいまだに盛んな地域では、オランダのワッセナー協定やデンマークのフレキシキュリティ〔柔軟性と保障〕などの大胆な社会的実験が実施された。雇用主に現場感覚がない場合や、異議を唱えるのが難しいデジタルな労働環境である場合には、労働組合の活動はとても重要になる。

最近行なわれた個人を保護する討論では、先述以外にもさまざまなアイデアが登場した。二〇一七年のフランス大統領選挙戦で斬新だった論点の一つは、ユニバーサル・ベーシックインカムだ。だが、このアイデアを掲げた候補の得票率はきわめて低かった（ブノワ・アモンの六・四％）。したがって、このアイデアを政治的な案件にするには、相当な困難が予想される。ユニバーサル・ベーシックインカムは、就労を否定する怠惰の権利だと批判されたのである……。しかしながら、ユニバーサル・ベーシックインカムを就労拒否と見なすのは誤りだ。このアイデアの主たる提唱者の一人フィリップ・ヴァン・パレース〔一九五一―、ベルギーの哲学者〕は、そうした反論に真っ向から異議を述べた。パレースは、二十世紀の偉大なアイデアは労働時間の短縮であり、二十一世紀はユニバーサル・ベーシックインカムだと主張する……。ユニバーサル・ベーシックインカムは、就労時間を減らすのではなく、生き延びるためには劣悪な労働条件の職業に就かざるをえない人々が蒙る恫喝に対抗するための一つの手段なのだ。このアイデアを最初に提唱した人物の一人トマス・ペイン〔一七三七―一八〇九〕はユニバーサル・ベーシックインカムを、遺産相続によって生じる資産格差を是正するための手段だと考えた。遺産相続によって勤労意欲がなくなると主張する者は、これまで誰もいなかったではないか……。ユニバーサル・ベーシックインカムの狙いは、社会につきまとう「人間の労働はどうなるのか」という疑問を和らげることだ。アマルティア・セン〔一九三三―、インドの経済学者〕が示唆する道筋では、ユニバーサル・ベーシックインカムは自由の獲得と定義できる。この仕組みによって人々は芸術家や農民のように、不名誉な仕事を拒否でき、自身の期待に見合う将来を築くことができる。

　デジタル社会では、われわれは画面にくぎ付けにされる。こうした状況に再考を促す新たな「芸術的な批判」も必要だ。現在、中断や割り込みの技法を培う必要性がこれまで以上に求められている。昔の主日の安息のように、フェイスブックにアクセスしない日は幸福感が増すことがわかっている。即答しなければならないメールや電話に中断されることなく誰かと会話するのは、ほぼ不可能になった。人間関係を再び文明化する過程が必要不可欠になったのである。雑誌『ニューヨーカー』の編集長デイヴィッド・レムニックが語ったように、われわれは自分たちのデジタル脅迫概念、つまり、他者への配慮にデジタルがおよぼす影響や自分たちの批判精神について自問すべきなのだ。「デジタルの世界の勝利とその魔術は本物だが、道徳的な問題を考える時期が訪れた」のである。

デジタルな世界で市民権を得なければならない子供と青少年には、彼らが将来遭遇するだろう困難を乗り越えるための教育を施す必要がある。サディンやティスロンは、若者にコンピュータの基礎を教える重要性を説く。その理由は、必ずしも情報工学の専門家になるためでなく、ロボットはアルゴリズムによって制御されており、アルゴリズムは人間によってつくったり壊したりできるということを教えるためである。これは人間の要求に対して人間を麻痺させるような異常な特性をもつロボットが現われるのを防ぐための最良の方法だろう。保護すべき必要不可欠なもう一本の支柱は、文字や本の文化だ。書き取りを完璧にこなせるようになるよりも、読書の楽しみを教えることのほうが重要だ。フランスの若者は「OECD生徒の学習到達度調査」でランクをさげている（またしても一ランク下がった）。彼らは文書を一字一句読むというよりも、文章全体の内容を把握する能力に欠けている。ロベルト・カゼッリがユーモアを交えて分析するには、本は著者と読者との契約である。著者は読者がどのように本の内容を解釈しようが自由だと約束する一方で、読者は少なくともしばらくの時間は自身の集中力を本に捧げることを誓う。

「書き手がiPadの無数の誘惑と競い合わなければならないのなら、書き手は論証によってというよりも感情に働きかけようとするだろう」。ミラン・クンデラは電子書籍を痛烈に批判したが、これはデジタル書籍が悪いという意味ではない。そうではなく、読書に集中するための条件を設ける必要があるのだ。とくに若者向けの著書の場合、著者が読者に訴える機会を与えるために、読者がインターネット接続などのオプション機能を利用しないことが重要なのだ。

デジタルの世界は地球温暖化を食い止めると紹介されるが、それは間違いだ。たしかに、新たなテクノロジーにより、これまでの工業社会は最適化される。公害や交通渋滞はさまざまな方法によって効果的に制御できる。たとえば、ゼネラル・エレクトリック社の人工知能ソフトウェアを利用すれば電気の消費量をおよそ四〇％削減できる。既存の管理プロセスを最適化すればエネルギー消費量を最低限にできるというのが「スマート・シティ」の約束である。問題は最低限であってもあまりにも大量だということだ。情報工学の世界からも大量の二酸化炭素ガスが排出される。コンピュータは大量のエネルギーを消費するのだ。たとえば、フェイスブック社はコンピュータの発熱量を減らすために一部のサーバーを、北極圏から一〇〇キロメートルほどのところに位置するノルウェーに移転させた。人間の頭脳と比較すると、デジタル社会は大量のエネルギーを消費することがわかる。人間の頭脳にある一〇〇〇億個の神経細胞のエネルギー消費量をシミュレーションする際に参考になるのが、世界最速のコンピュータ「セコイア」だ。

このコンピュータは一二ギガワットを消費する。これはブラジルとパラグアイの国境にある巨大なイタイプ・ダムの発電量に相当する。一方、二〇ワット程度しか消費しない人間は、（生物学的な意味で）環境に優しいモデルだ。新たなテクノロジーの世界が環境に優しいモデルになるための道のりはまだかなり長い。

六〇年代に登場した脱物質主義社会の理想は、この社会が生み出した経済危機と金融不安によって遠のいた。問題は「経済危機」がこの社会システムの機能において常態化したことだ。ユニバーサル・ベーシックインカムは、安全を求める人々の要求を満たし、サバイバルという切迫した事態に陥っても生きる意欲を失わせないようにするための一つの道具だ。しかし、さらに踏み込まなければならない。アンドレ・ゴルツが六〇年代に記した著書『さらば、プロレタリアート』で語ったことは現在にも通じる。「資本主義は、《本当の》欲求を熟考し、そうした欲求を満たす最良の手段を他者と話し合い、探究する余地のある選択肢を堂々と明示しようとする願いと能力を人々から奪った」。

誰もが自身の「本当の」欲求という反逆の信条をもち続けられるようにするというのが、新たな「芸術的な批判」の役割になるはずだ。

結論　ディランからディープマインドへ

資本主義は、「科学とマネー」をめぐるファウスト博士とメフィストフェレスとの契約の結果であり、ユヴァル・ノア・ハラリはこれを「大いなる賭け」と呼んだ。ハラリは、ユーモアをこめて次のように語った。数千年間、「司祭〔キリスト教の聖職位〕、ラビ〔ユダヤ教の指導者〕、ムフティー〔イスラム教の法学者〕は、人類が、飢餓、疫病、戦争を克服することはないだろうと説いた。次に、銀行家、投資家、実業家が現われた。彼らは何と二世紀の間にこれをやってのけた」。人類史において初めて、自殺者の数が戦場での死者の数を上回った。人々は飢餓よりも肥満が原因で死ぬようになった。繁栄が貧困に優るようになった。だが、「歴史は真空を嫌う。人間はすでに自分が得たことに満足できない。突き進まなければならないのだ……」。躊躇と模索の六〇年代の後、技術と資本主義は、さらに前進するという約束を掲げて協定を更新した。

残念ながら、現代社会の経済成長という渇きは癒せなかった。今日のフランスは一九六八年のときと比べて二倍も豊かになったのに、購買力という問題は、フランスはもとよりほとんどの国を悩まし続ける。七〇年代中ごろにハーシュマンが指摘したように、豊かさは常に相対的なのだ。

大金持ちに対し、「あなたが《本当に心安らぐ》と感じるのに必要な富のレベルはどのくらいか」と質問すれば、その人の保有資産の額に関係なく、彼らは一様に「すでに所有する富の二倍だ」と答える……。人々の幸福感を研究する経済学者たちは、偉大な経済学者リチャード・イースタリン〔一九二六―〕が指摘したこのパラドックスを詳細に分析した。人々は自分たちの購買力が向上すると自身の経済条件が改善されたと感じる。だが、豊かになったという感覚は他者との比較ですぐに消え失せる。なぜなら、他者も豊かになったのなら、自身の相対的な位置は改善されていないと、人々は気づくからだ。

民主的な社会は、ルネ・ジラールが語ったところの「模倣的な欲望」を激化させる。他者と比較するのはもっともなことだ。そうしたスローガンの一つに「あの人はもっているのに、なぜ私にはないの」がある。この点に関して、経済成長は社会的な平穏をもたらす特効薬だと判明した。一〇年から一五年もすれば自分の上司と同じ家財を手に入れられるとわかっている労働者は、自身の社会的な地位に安心できる。「上司は自家用車をもっている。自分もまもなく手に入れられる。われわれは同じ階級で暮らしている」という心理である。ジャン＝ピエール・ル・ゴフは自身の少年時代を振り返り、次のように語った。「洗濯機がわが家に登場したのは大きな出来事だった。なぜなら、母と姉が《つらい洗濯仕事》から解放されただけでなく、この《洗濯物をたった独りで洗う機械》が最新技術の製品として現われたからだ。(……)テレビと《マイカー》は特別な存在になった。(……)これらの製品は、それまで金持ちだけの贅沢品だと考えられていたが、今後は、仕事が終わった後、週末、そして休暇を存分に楽しむための必要な要素として紹介されるようになった」。

工業社会は成功を収めたにもかかわらず、最後は人々をうんざりさせた。六〇年代、若者はテイラー主義を掲げる工業社会の父権的な秩序を打ち崩そうと奮闘した。そして工業社会が本当に崩壊するという予期せぬ奇跡が起きた。だが、崩壊の原因は経済的なものであって「六八年五月」とは何の関係もなかった。黄金の三〇年という麗しき時代を築いた生産性の向上が途絶えたのである。「働けばたくさん稼げる」という約束が破られたのだ。七〇年代の経済危機とともに「姿を変えた」資本主義は、工場を解体し、そこで働いていた労働者を密かに追い出し、新たな経済成長の源泉を強行軍で探し出した。

社会学者ロナルド・イングルハート〔一九三四―〕は、工業社会は当時の封建社会に取って代わったが、封建社会の垂直構造はそのまま残ったと解説した。司祭の代わりに技術者が登場したが、生産の世界は、領主とその臣下との関係を司る硬直的な階層秩序とまったく同じ秩序に依拠しつづけたのだ。デジタル社会は、工業社会が封建社会から受け継いだこの遺産を、新しく登場した仮想社会に置き換えた。そして仮想社会の原型になったのが六〇年代のカウンターカルチャーだ。デジタル社会は、横断的な「リゾーム的な理想」を下敷きにして「すべてがつながる」新たなシステムを構築した。今後、われわれは（家庭でも職場でも）オンラインの状態でいなければならない。生産という旧世界の特徴だった服従は、創造性という要請に代わったが、この創造性も服従と同様に厄介な代物だと分かった。ネットワークに自分の居場所を見つけ出すには、創意工夫と

（あるいは）残虐性という偉業が要求される。

デジタル革命は、生産と消費の両面に根源的な急変を引き起こすことによって旧世界を解体した。第一に、コミュニケーション・コストの低下は、企業の劇的なリ・エンジニアリングを可能にし、企業は従来の活動範囲や国家を超えて仕事を発注するようになった。この再編は、かつてアダム・スミスが言明したさまざまな原理のなかから導き出されたたった一つの原理に基づく。すなわち、生産コストを削減するには、市場を最大限に機能させることだ。この再編は、（内部組織や従業員など）外部委託できることなら何でも外部委託し、階層化されていたが連帯感のあったそれまでの工業の世界が構築した暗黙の連帯感を一掃した。

この「ローコスト」資本主義の再燃により、勤労階級は貧困に陥った。観察者と政治家たちを啞然とさせた途方もないパラドックスとは、この急変が新たなポピュリズムの温床になり、これが極右を復活させたことだ。そうは言っても、極右の再来は予期せぬことではなかった。というのは、それは三〇年代に観察された光景と酷似していたからだ。工業社会の崩壊は社会の分断を招いた。この衝撃をまともに食らった大衆層は、あらゆる意味において、自分たち以外の社会層との「つながりを失った」。トランプやマリーヌ・ル・ペンの支持者にとって、疑問の核心は富の再分配でなく、さらには資本家による搾取でさえなく、社会的な排除、つまり、他者とのつながりが失われるのではないかという心配なのだ。

新たなテクノロジーは、第二の側面である消費にも影響をおよぼした。資本主義がその社会基盤を拡大したのは消費によってである。すなわち、資本主義は、全員に（内燃機関の）自動車や（ナイロン）ストッキングを約束したのだ。[†1]これはしばしば「シュンペーター型資本主義」と呼ばれる。資本主義は、それまで「金持ちの贅沢」だったものを大衆に提供しながら大衆層の支持を維持した。今日、資本主義はわれわれの欲望をかき立てるために何を提供できるのか。トランスヒューマニストによると、資本主義の行き着く先は、人間が神の領域に達すること、つまり、人間が自身の生物学的な限界を超えて不死の存在になることだという……。人間の驚異的なパフォーマンスを信奉したソ連の生産性向上運動「スタハノフ運動」は幻想だったが、この幻想こそがデジタル世界の目標を見事に描き出す。人間が「新たな製品」であり、これを教育し、接続し、修理し、楽しませる必要があるのだ。そうした人間は、既存の哲学が語るのとは大きく異なる、肉体とアルゴリズムが融合するハイブリッドな存在である。彼らは、自分たちの基盤になる人間性について再考することを余儀なくされる。

こうした点に関し、絶対自由主義か自由主義かという「六八年五月」が残した論争には意味がない。それは産業革命によって従来の社会的な枠組みが激しく揺さぶられた時期の啓蒙主義とロマン主義との対立をめぐる論争と同じである。今日、復活させるべきは、デジタル社会における経済成長という新たな要請がわれわれの暮らしを再構成しつつある状態に突破口を開く「社会的な批判」と「芸術的な批判」である。デジタル社会の最良の部分は、遠隔地にいる人が自身の価値観を断念することなく膨大な知識にアクセスできることだ。われわれは、デジタル社会からこうした部分を引き出せるのだろうか。アルド・スキアヴォーネ〔古代文明の専門家〕は、次のように語った。

「われわれに必要なのは新たな人文主義だ。これこそが自分たちの責任に見合う社会に統合された包括的な合理性を培うのだ。科学技術、そしてこれを利用する権力ネットワークが、生身の人間の存在を無視して物事を決定するようなことがあってはならない。科学技術と市場との間に均衡点を見つけ出す必要が日増しに明らかになってきた。そしてその均衡点を将来の公益にできる限り近づける必要があるのだ」。

この壮麗な計画こそ、次の半世紀のわれわれの課題になるはずだ。

謝辞

本稿を丁寧に読んでくれたギヨーム・エルネー、フランシス・ヴォルフに感謝申し上げる。本書の優秀な編集者であり友人のアレクサンドル・ウィッカムとリシャール・デュコセには本企画にご支援いただいた。そして原稿を丹念に読み返してくれたマリー＝ピエール・コスト＝ビヨンと彼女の同僚たちにも感謝したい。

訳者あとがき

本書は、フランスで二〇一八年九月に刊行された *“Il faut dire que les temps ont changé…” chronique (fièvreuse) d’une mutation qui inquiéte* の全訳である〔原題は直訳すると『「時代は変わったと言うべき……」――懸念される変化の（うなされるような）編年史』で、フランス語の流行歌の一節を引用している〕。

著者ダニエル・コーエンは、一九五三年チュニジア生まれのフランスを代表する経済学者だ。現在、パリ第一大学（パンテオン・ソルボンヌ）とパリ高等師範学校（エコール・ノルマル・シュペリウール）の経済学教授を兼任している。専門は国家債務であり、ボリビア、ギリシア、エクアドルなどの債務問題を抱える政府のアドバイザーとしても活躍してきた実務家でもある。

著書は多数あり、多くの言語に翻訳出版されている。邦訳書は、『迷走する資本主義』（新泉社）、『経済と人類の1万年史から、21世紀世界を考える』（作品社）、『経済は、人類を幸せにできるのか?』（作品社）、『経済成長という呪い』（東洋経済新報社）がある。

　コーエンは、『ル・モンド』紙の論説委員として社説を定期的に執筆するなど、テレビ、ラジオ、週刊誌などを通じて世論に大きな影響を与えている。時事問題にも活発に意見を述べている。

　本書は、一九六八年五月の学生運動を起点にして、現在までの思潮、そして今後の展望を、経済学、社会学、哲学、科学技術、心理学などから学際的に読み解く。

　六八年の学生運動は何だったのか。そして七〇年代、なぜ左派は過激化し、自爆したのか。彼らの理想の一つは階層社会を打ち崩すことだった。七〇年代の石油ショックが引き金になり、工業を中心とする社会の経済成長が息切れを起こすと、サービス社会への移行と同時に保守主義の逆襲が始まった。これがレーガンとサッチャーの登場に象徴される保守革命である。この革命は、経済面では規制緩和を推し進め、道徳面では保守的な価値観を説いた。

　この間隙を縫って九〇年代に登場したのが六八年の精神を受け継ぐＩＴ革命だ。ＩＴ革命は、企業のコスト削減、ようするにリストラに大きく寄与した一方で、インターネットによる人々の横断的なつながりを約束した。これがフェイスブックなどのソーシャル・ネットワークである。このネットワークは、自由で横断的なつながりという六八年の理想に基づきながらも社会を分断した。そうした土壌に生じたのが現在のポピュリズムだ。

　皮肉なのは、世界各地で大衆層が支持するポピュリスト政党は、大衆層の暮らしを支援する所得再分配や福祉充実などとは反対の政策を唱えて勢力を拡大していることだ。この点に関して、コーエンはアーレントが分析したナチス台頭の群衆メカニズムとその急速な衰退に言及する。

工業化社会後の分断化された社会に登場したサービス社会では、GAFAをはじめとする一握りのプレーヤーが規模の経済の効果を最大限に活かして勝ち組になる一方で、規模の経済を利用できないF2Fの仕事（対人の職業。例：看護、介護、保育、コンビニの店員など）に就く人々は低賃金に喘いでいる。今後、AIが人間に取って代わる職種が増えるのなら、この傾向は不可逆的に強まるだろう。これは「労働のない労働者社会」という最悪の見通しだと警鐘を鳴らす。

AIが「まともな仕事」を奪うのなら、ほとんどの人々はF2F型の「どうでもよい仕事」に追いやられ、それらの仕事の賃金にはさらなる下方圧力がかかる。実際にこうした状況にならなくても、「どうでもよい仕事」に就く移民がスケープゴートにされ、ポピュリスト政党の支持基盤はさらに拡大する。それまでインターネットの片隅に潜んでいた醜いナショナリズムが大手を振って闊歩するようになるのだ（移民大国フランスの移民実情を詳しく知りたい読者は、『移民とともに――計測・討論・行動するための人口統計学』〔フランソワ・エラン著、林昌宏訳、白水社〕をぜひ手に取ってほしい）。

われわれはAIと、経済学の基本である代替的でなく補完的な関係を築くことができるのか。人間の雇用は大幅に失われるのか。われわれの将来を大きく左右するこうした点について、コーエンは哲学的な考察を開陳する。ここでも六八年時の論争、そしてその後の哲学論争がきわめて参考になる。なぜなら先述の通り、IT技術の基本コンセプトにはこれらの論争が色濃く反映されているからだ。

経済成長の源泉が変化するにしたがって社会の仕組みが変わり、人々の価値観も様変わりする。それが科学技術の応用に影響を与え、すべての変化が加速する。その典型が生命科学ではないだろうか。

生殖医療やヒトゲノムの改変などは、SFではなくすでに現実である。昨日の優生学は今日の選択肢になっている。物質的な豊かさだけでは幸せを感じられなくなったわれわれに必要なのは、将来の科学技術によって現在の生命の有限性を超越することなのか。

現在だけ、そして一つの学問分野だけを眺めていても、このメカニズムを読み解くことはできない。思潮を追う本書は、時代の変化を俯瞰するための貴重な一冊である。

今年の四月にパリを訪れた際、本書をめぐって著者ダニエル・コーエンと議論させてもらったのは僥倖だった。本書の翻訳に関して、原書の版元であるアルバン・ミシェル社のジュリー・フィニドーリ氏(Julie Finidori)に教えを乞うた。最後に、白水社編集部の和久田頼男氏には訳稿を丁寧に編集していただいた。感謝申し上げる。

二〇一九年八月

林昌宏

† 8 Éric Sadin, *La Vie algorithmique : critique de la raison numérique*, l' Échappée, 2015.

† 9 Anna Mitchell et Larry Diamond, « China's Surveillance State Soluld Scare Everyone », *The Atlantic*, 2 février 2018.

† 10 「個人のデータ保護を心配するのは犯罪者だけ」。2009 年 12 月 7 日付のＣＮＢＣでのインタビューより。

† 11 たとえば、パティノとフォゲルはデジタルの世界に起因するいくつかの症候群を調査した。うわべだけの関心が複数の情報源に向かう注意力散漫、意思に反して不合理な考えが繰り返し頭に浮かぶために強迫的な行動をとる強迫性障害や不安神経症、注意欠如・多動性障害などである。

† 12 *Le Point*, 18 août 2011.

† 13 ボードリヤールが語ったように、「それは模倣やコピー、さらにはパロディーでさえなく、現実の兆候を現実にすり替えることなのだ」(『シミュラークルとシミュレーション』、竹原あき子訳、法政大学出版局、2008 年)。

結論　ディランからディープマインドへ

† 1 ジョエル・モキル〔経済史家〕は前掲書『金持ちの梃』において、資本主義をスミス型とシュンペーター型に分類した。

第7章 iPhone世代

† 1 Bruno Patino et Jean-François Fogel, *La Condition numérique*, Grasset, 2013.

† 2 しかしながら、パティノとフォゲルはイギリスの人類学者ロビン・ダンバーの法則を指摘する。すなわち、個人が社会的な生活を営む際には、人間集団の大きさに（心理的な）限界が存在するという法則だ。ダンバーによると、人間集団の大きさの限界は平均して148人だ。狩猟採集民の野営、ノマド部族、古代ローマの実戦部隊などがこの大きさに該当する。フェイスブックの相互作用を研究したダンバーは、「本当のつながり」は平均して338であると突き止めた。したがって、フェイスブックのおかげで、それまでの人間集団の大きさは倍増したのである……。

† 3 Jean Twenge, IGen : *Why Today's Super-Connected Kids Are Growing Up Less Rebellious, More Tolerant, Less Happy – and Completely Unprepared for Adulthood*, Simon and Schuster, 2017.

† 4 トゥエンギの調査によると、モニターの前で費やす時間は次のような配分だという。メールのやり取りが28%、インターネットの閲覧が24%、ビデオゲームが18%、テレビが24%、チャットが5%である。

† 5 Raphaëlle Bacqué, « Avoir ving ans en 2018 : grandir, drôles de familles », *Le Monde*, 29 mars 2018.

† 6 孤独感が減ったが36%、気が滅入らなくなったが33%、幸福感が増したが9%。実験の対象者は、デンマークが大人、アメリカが学生である。

† 7 Observatoire du bien-être du CEPREMAP.

の町も大都市のように繁栄するに違いないと思っていた。実際には正反対のことが起きた。大都市が村を飲み込んだのである。なぜなら、経済学者が指摘するように、人々は鉄道を使って大都市から村へだけでなく、その逆方向に移動できるからだ。多くの人は、世界中の商品であふれる大都市で暮らせるのに、なぜ村に住まなければならないのかと考えたのだ。

† 15 Joel Mokyr, *TheLever of Riches. Technological Creativity and Economic Progress*, Oxford University Press, 1990. 次も参照のこと。Daron acemoglu et Pascual Restrepo, *The Race Between Machine and Man*, NBER, n° 22252, 2017.

† 16 Timothy Bresnahan et Manuel Trajtenberg, « General Purpose Technologies, Engines of Growth ? », *Journal of Econometrics*, vol. 65 (1), janv. 1995.

† 17 次を参照のこと。Bengt Holmstrom et Paul Milgrom, « Multitask Principal-Agent Anayses », *Journal of Law, Economics and Organization*, 1991. Maya [Bacache] Beauvallet, *Les Stratégies absurdes*, Le Seuil, 2009.

† 8 新たな神経細胞を生み出すのに分化前の幹細胞が存在するのは確かだが、これはかなりの例外だ。というのは、二つの海馬体領域に現われる700個の神経細胞は、関与する脳の部位の神経細胞群の0.01%にしか相当しないからだ。

† 9 Francis Wolff, *Trois utopies contemporaines*, Fayard, 2017.

† 10 機械が人間のように考えるには、機械は痛みや喜びを感知する必要があるだろう。人間の脳の活動は、感覚器官（視覚と聴覚）や運動器官（歩行など）に大いに依存している。2億個の神経細胞が分布している腸は第二の脳と言われている。次を参照のこと。『おしゃべりな腸』、ジュリア・エンダース著、岡本朋子訳、サンマーク出版、2015年。

† 11 ロバート・ゴードンは、経済成長の低迷に焦点を当てた著書『アメリカ経済 成長の終焉』〔高遠裕子他訳、日経ＢＰ社、2018年〕のなかで先進国における経済成長の急落を考証した。ヨーロッパ諸国の経済成長は、70年代中ごろから数十年かけて平均的に3%から2%、そして1%になった。ゴードンによると、電気や内燃機関などが牽引した工業による経済成長は、例外的な出来事だったという。

† 12 David H. Autor et David Dorn, « The Growth of Low-Skill Service Jobs and the Polarization of the US Labor Market », American Economic Review, 2013, n° 103 (5). 雇用がプロレタリア化したのは、一般的に、サービス業、経営管理、工業において、中間業務がなくなったからである。

† 13 ＯＥＣＤの調査結果（Andrews *et al.*, 2015）も同様の傾向を示す。上位5社とそれ以外組織との隔たりは広がっている。この調査を行なった者たちによると、その理由は上位5社以外の組織では、経営者が自身の権力を拡大しなかったからだという。

† 14 経済史をさらに遡ると、同じ誤解が見出せる。鉄道が発明されたとき、鉄道によって村や集落は大都市とつながるので、自分たち

第三部 未来へ戻る

第 6 章 二十一世紀の大いなる希望

† 1 規模に関する収穫逓増の法則を活用できる企業は、累積的な現象を享受できる。すなわち、企業は規模を拡大しながら容易に減価償却できるようになるのだ。たとえ規模の小さい企業のほうが効率面では優れていたとしても、収穫逓増の法則を活用できる企業の収益性のほうが高くなる。このメカニズムを如実に表わすのは、ＧＡＦＡ〔グーグル、アップル、フェイスブック、アマゾン〕の台頭である。

† 2 Serge Tisseron, *Le jour où mon robot m'aimera*, Albin Michel, 2017.

† 3 ユニックスは、ベル研究所が開発したコンピュータのオペレーティング・システムである。連邦通信委員会（ＦＣＣ）は、市場独占を理由にベル研究所に対してこのシステムを民生化するように指導した。このシステムの開発を引き継いだのは大学である。

† 4 グルノーブルのベナビッド教授のチームが開発した。

† 5 巷の逸話に反して、アインシュタインの脳の重さは、平均的な 1.4 ～ 1.5 キログラムを下回る 1.23 キログラムしかなかった。

† 6 過去 50 年間の情報コストが急落したペースをニューヨーク全体の不動産価格に当てはめると、その価格はわずか 10 セントになる。これは実際の価格の 10 兆分の 1 だ。一方、計算コストは 18 か月ごとに半減する。テグマークは、「たとえば、私の祖母の誕生時から計算すると、計算コストは 10^{18} 分の 1 になった」と述べる。

† 7 Danièle Tritsch et Jean Mariani, *ça va la tête ?*, Belin, 2018.

† 10 『テロの経済学』、アラン・B・クルーガー著、藪下史郎訳、東京経済新報社、2008 年。

† 11 Cité par Pauline Escande-Gauquié et Bertrand Naivin in *Monstres 2.0. L'aure visage des réseaux sociaux*, Editions François Bourin, 2018.

第5章　よそ者恐怖症

†1　ル・ペンの支持者と同様に「反体制派」であるメランションの支持者は、逆に他者に強い信頼感を示す。前掲書、Algan, Beasley, Cohen et Foucault を参照のこと。

†2　Lant Pritchett, « Let Their People Come », Center for Global Development, 2006.

†3　Hillel Rapoport, *Repenser l'immigration en France. Un point de vue économique*, Editions rue d'Ulm, 2018, et el Mouhoub Mouhoud, *L'Immigration en France*, Fayard, 2017.

†4　Ian Buruma, *On a tué Theo vqn Gogh : enquête sur la fin de l'Europe des Lumières*, Flammarion, 2006.

†5　シュワルツは、「価値観」を四分義に分割する分類学を提唱した。第一象限は自律、いわゆる「自己主導性」だ。すなわち、誰もが心情だけでも自身の前途を管理したいという欲求をもつ。第二象限は、快楽主義に関係する。人間は、快楽を求め、苦痛を避ける。第三象限は、自分の意向を他者に押しつけたいという権力欲に関する領域だ。そして第四象限は、正義や好意などの自己超越の領域である。

†6　これは2018年5月にイタリアで樹立した「同盟」と「五つの星運動」との連立政権の原動力でもある。

†7　Oliver Roy, *Le Djihad et la mort*, Le Seuil, 2016.『ジハードと死』オリヴィエ・ロワ著、辻由美訳、新評論、2019年。

†8　*Le Nouveau Jihad en Occident*, Robert Laffont, 2018.

†9　アミネ・ベンヤミナとマリー=ピエール・サミティエは、公衆衛生上の深刻な危機について語っている（『アルコールが若者をダメにする——ロビー団体と政治の責任』, Albin Michel, 2017）。

なかったのかを理解することが主題である。

† 10 Yann Algan, Elizabeth Beasley, Daniel Cohen, et Martial Foucault, « The rise of populism and the collapse of the left0right paradigm »,document de travail CEPREMAP, 2018.

† 11 エルヴェ・ル・ブラーズが指摘するように、シャンパーニュ=アルデンヌ地域圏（フランス北東部）の労働者の48%は国民戦線に投票したが、ミディ=ピレネー地域圏の労働者で国民戦線に投票したのは、たったの15%だった。この違いからは、「労働者」という職業区分だけでは国民戦線に対する支持の傾向を把握できないことがわかる。しかしながら、フランス政治研究センター（CEVIPOF）の調査からは、父親の職業に対する本人の職業の社会的格下げが、ル・ペン支持を裏付ける要因だとわかる。つまり、原因は個人的な恨みなのだ。Hervé Le bras, *Le Pari du FN*, Autrement, 2015.

† 12 フランス政治研究センター（CEVIPOF）の調査では、不満や幸福などの主観的な変数を計測する。大統領選において幸福（あるいは不満）が最も大きく影響した二人の候補者は、ル・ペン（不満）とマクロン（幸福）だった。

† 13 セルジュ・ポーガムは次のようにも指摘する。「窃盗や麻薬密売などの組織は社会秩序を壊すと考えられているが、実はこれらの犯罪組織も社会統合の代替策を模索しているのだ」。宗教団体に（しばしば想像上で）帰属するのは、宗教団体の敵である国民戦線の支持者らと同様に、社会に統合できないという困難に直面する人々に慰めを提供しているからではないか。

† 14 『アンチ・オイディプス　下』、ジル・ドゥルーズ、フェリックス・ガタリ著、宇野邦一訳、河出書房新社、2006年。233ページから引用。

第二部 堕落の時代

第4章 プロレタリアートの別れ

†1 *Les Imprévus de l'histoire*, Fata Morgana, 1992.

†2 Rudiger Dornbusch et Sebastian Edwards, *The Macroeconomics of Populism in Latin America*, NBER, 1991.

†3 Dominique Reynié, *Les Nouveaux Populismes*, Pluriel, 2013.

†4 「低学歴の白人」の67%はトランプに投票した。

†5 農村部および小さな町で暮らすアメリカ人の62%はトランプに投票した。これとは逆に、ヒラリー・クリントンの得票率が最も高かったのは、人口5万8000人以上の都市部においてであった(59%)。人口密度と教育程度の低さは、国民戦線支持と同様に、トランプ支持の二大教訓である。共和党が獲得した国土面積は、民主党を支持する国土面積の4倍である。

†6 *Plus rien à faire, rien à foutre !*, Robert Laffont, 2017.

†7 Ian Kershaw, *L'Europe en enfer*, 1914–1949, trad. Française, Le Seuil, 2016.

†8 Jonathan Freedland, « Eugenics : the skeleton that rattles loudest in the left's closet », *The Guardian*, 17 février 2012.

†9 この本は、『反ユダヤ主義』、『帝国主義』、そして『全体主義』の三巻からなる。ピエール・ブーレッツ〔哲学者〕の「情熱と理性の間」というタイトルのまえがきは、この本の主題を見事に叙述している。すなわち、マックス・ヴェーバーやノルベルト・エリアスなどの社会学者は西洋の飛躍を、情熱を合理化する努力として解き明かしたが、そうした西洋がなぜナチスの欲動の氾濫を制御でき

Story? », *The Jornal of Economic Perspectives*, vol. 14 n° 4, automne 2000. フランス語の論文としては、Gilbert Cette, Simon Corde et Rémy Lecat, « Rupture de tendance de la producitivité en France : quell impact de la crise? », *Economie et Statistique*, 2017.

† 10 Betsey Stevenson et Justin Wolfers, «Marriage and Divorce : Changes and their Driving Forces », *Journal of Economic Perspectives*, vol. 21(2), 2007.

† 11 Thomas Chancel, Thomas Piketty, Emmanuel Saez et Gabriel Zuckman, *Rapport sur les inégalités mondiales*, Le Seuil, 2018.

† 12 Richard Freeman, avec Erling Barth, Alex Bryson, james Davis, « It's Where You Work : Increases in the Dispersion of Earnings across Establishments and Individuals in the U.S. », *NBER*, n° 20447, 2014.

† 13 Philippe Askenazy, La Croissance modern. Organisations innovantes du travail, Economica, 2002.

† 14 « Le Culte de la performance », Calmann-Lévy, 1991.

† 15 Philippe Askenazy, *Les Désordres du travail. Enquête sur le nouveau productivisme*, Le Seuil, 2004.

第3章　保守革命

†1　Guy Sorman, La Révolution conservatrice américaine, Fayard, 1983.

†2　ハーシュマンの著書『反動のレトリック』〔岩崎稔訳、法政大学出版局、1997年〕によると、不平等解消のための措置がもたらす副作用を厳しく追及するのが保守派の論証の特徴だという。

†3　Orley Ashenfelter, « Schooling, Intelligence, and Income in America : Cracks in the Bell Curve », *American Economic Review*, décembre 1994.

†4　In *L'Age de la régression. Pourquoi nous vivons un tournant historique*, Editions Premier Parallèle, 2017.

†5　*Le Procès des Lumières*, Le Seuil, 2009.

†6　クリストファー・ラッシュは、次のようにも付言した。「古くさい理論に対する私の信頼は、70年代中ごろに揺らぎ始めた。というのは、この時期に家族に関する研究を行っていた私は、性の解放、女性の労働市場への参入、公的支援を推進する左派の基本政策に疑問を抱くようになったからだ」。

†7　『アメリカン・マインドの終焉』、アラン・ブルーム著、菅野盾樹訳、みすず書房、2016年。

†8　トクヴィルが民主主義について語ったように、伝統は情報にすぎない。情報の急増とともに、伝統は不必要になった。読書の楽しみが失われたのは当然の結果であり、アラン・ブルームは60年代の終わりにそれを確認したという。「若者は、本は旅の道連れという考えを奇妙だと感じる」。

†9　Stephen D. Oliner et Daniel E. Sichel, « The Resurgence of Growth in the Late 1990s : Is Information Technology the

かを詳細に分析した。ベッテルハイムが会った女性たちは、キブツは子供たちにとってすばらしい環境だと、彼に滔々と力説したという。

† 10 しかしながら、キリスト教民主主義党は、共産党に対して選挙で優位を占め続けたので、連立政権の発足を準備するモーロとイタリア共産党書記長ベルリンゲルの画策は無駄であった。

† 11 『モロ事件――テロと国家』、レオナルド・シャーシャ著、千種堅訳、新潮社、1979年。

† 12 Robert Muchembled, *Une histoire de la violence*, Le Seuil, 2010.

† 13 若者は一般的に大人よりも暴力を振るいやすいため、若者人口の増加も暴力が増加した要因として言及されている。しかしながら、これらがもたらす影響は副次的である。若者の犯罪率に大きな変化はなく、若者人口だけが原因なら、犯罪率の上昇率は13%程度で収まっていただろう。

第２章　失われた幻想（３つのステップその１）

†1　『クルーグマン教授の経済入門』、ポール・クルーグマン著、山形浩生訳、メディアワークス、1998年。

†2　*The Rise and Fall of American Growth*, Princeton University Press, 2017.

†3　« Deindustrialisation and the Fear of Relocations in the Industry », CEPII, 2006.

†4　« Growth, Trade, and Deindustrialization », IMF Working Paper, n° 60, 15 février 2006.

†5　しかしながら、マルクスは、『資本論』と比べて一般にはあまり知られていない『経済学批判要綱』において、異なった論証を行なっている。ゴルツが強調するように、マルクスは「生産の技術的な改善と自動化を推進する大卒の労働者は、被熟練工の仕事をなくして、技術経済評価に包括的な視点をもち、そして生産を自己制御できる高い技術をもつ労働者だけを維持するだろう」と考えていた。

†6　Bernard Lacroix, *L'Utopie communautaire. Mai 68, histoire sociale d'une révolte*, PUF, 1982.

†7　Roger-Pol droit et Antoine Gallien, *La Chasse au Bonheur. Les nouvelles communautés en France*, calmann-Lévy, 1972.

†8　さらに、男女比率が均等の共同体は稀だった。「男性の数が女性を大きく上回っている場合が大半だった。そうした状況からは、競争、言いがかり、口げんか、敵対心が生じた」。

†9　ベッテルハイムが引き合いに出した女性は、「率直に言えば、キブツは子供でなく、われわれ女性たちを自由にするためにつくられた」と述べた。ベッテルハイムは、罪悪感がいかに抑えられた

房、2003年。

† 23 エドガール・モランは両者を次のように関連づける。「落胆したトロツキストは、ネオ・ヒッピーやババ・クール〔自然志向で非暴力的な反体制的な若者〕に転向でき、その逆も可能だ」。

† 24 資本主義のこの二元性は社会学の分析にも見られる。たとえば、ヴェーバーの禁欲主義であるプロテスタンティズムの倫理や、ゾンバルドの富への欲望である。ベルによると、それらの分析は、「計算と秩序」というブルジョワの精神性と、無限な世界のファウスト的な願望との二元性を示しているという。

† 25 しかしながら、フロイトによれば、文明が抑圧のより高い次元を求めてきたとしても、人間の魂は、文明が人間の魂を深く理解することによって報われてきたという。

† 26 「欲望は、満足に対する欲求でも愛の要求でもなく、前者から後者を引き算した差異である」(『ファルスの意味作用』の 講演録より)。

† 27 ミシェル・フーコーも著書『知への意志(性の歴史)』〔渡辺守章訳、新潮社、1986年〕において、マルクーゼの分析の基盤である「抑圧的な仮説」を批判している。

† 28 レヴィ=ストロースは次のように付言しただろう。「このような歴史的な認識の黄金時代はすでに過ぎ去った。われわれは偶発的な状況だけに証明しうるそうした可能性を把握できたに過ぎない」。

† 7 『消費社会の神話と構造』、ジャン・ボードリヤール著、今村仁司、塚原史訳、紀伊國屋書店、1979 年。

† 8 アンリ・ウェベールが回顧録で語るように、当時の考えは正反対だった。資本主義の危機は極左のお膳立てになると考えられていた。*Rebelle jeunesse*, Stock, 2018.

† 9 学生たちはアメリカに反旗を翻したキューバ革命を熱烈に支持した。チェ・ゲバラのロマンチックに虚空を見つめる写真が街中に飾られた。

† 10 ドゥチュケはその 10 年後の 1979 年 12 月 24 日に死去した。

† 11 この時代の（数多くの）パラドックスの一つとして、平和運動はパリでは 1968 年 5 月 10 日に始まった。

† 12 今日では、年寄り人口（60 歳以上）は若者人口（20 歳未満）よりも多い。

† 13 Préface à *Filles de Mai. 68 mon Mai à moi : mémoires de femmes*, Le bord de l'eau, 2004.

† 14 Ludivine Bantigny, *1968. De grands soirs en petits matins*, Le Seuil, 2018.

† 15 2018 年 3 月 8 日付の『ル・モンド』のインタビューより。

† 16 *Mai 68, l'héritage impossible*, La Découverte, 1998.

† 17 *Une jeunesse difficile*, Editions rue d'Ulm, 2007.

† 18 この本の翻訳版もほとんどの先進国で大成功し、この問題の同時性を証明した。8 か国語に翻訳され、30 万部に達した。

† 19 介入II〔社会科学と政治行動 1961–2001〕（ブルデュー・ライブラリー）、ピエール・ブルデュー著、櫻本陽一訳、藤原書店、2015 年。

† 20 Louis chauvel, *Le destin des générations. Strucure sociale et cohortes en France au XX*e *siècle*, PUF, 2002.

† 21 Luc Boltanski et eve Chiapello, *Le Nouvel Esprit du capitalism*, Gallimard, 1999.

† 22 『スペクタクルの社会』、ギー・ドゥボール著、木下誠訳、筑摩書

第一部　旅立ち、帰還

第１章　現代の神話

†１　コルネリュウス・カストリアディス〔ギリシア出身の哲学者〕は次のように記している。「《六八年五月》が現代の個人主義を準備した（あるいは加速させた）と解釈されているが、これは私が知るところの（歴史を）書き換えようとする最も極端な試みの一つである。親密な人間関係や連帯の日々が忘れ去られている。あの時期、日々の暮らしにおいて人々は、愚か者と思われることなく誰にでも言葉を投げかけ、道端では簡単にヒッチハイクできた。したがって、本当の原因は快楽主義者のエゴイズムだったのではないか」。（Edgar Morin, Claude Lefort et Cornelius Castoriadis, *Mai 98 : la brèche, suivi de Vingt ans après*, Fayard, 1988.）

†２　Jean-Pierre Le Goff, *La France d'hier*, Stock, 2018.

†３　1965 年から 1968 年にかけて、失業率は 1.5%から 2.7%に上昇した。

†４　社会的な格差も拡大した。1948 年から 1967 年にかけて、所得全体に占める下位 50%の所得は 20%から 18.5%になった。一方、上位 1%の所得は 10%から 11%になった。勝ち組は上位中流階級（企業の幹部や高級技術者）だった。所得全体に占める上位 9%（上位 1%を除く）の所得は、23.6%から 26.8%になった。出典：ワールド・インカム・データベース。

†５　これらの点に関しては次を参照のこと。Benjamin Coriat, *L'Atelier et le chronomètre*, Christian Bourgois, 1994.

†６　『神話作用』、篠沢秀夫訳、現代思潮新社、1967 年。

注

イントロダクション

† 1　たとえば、ロバート・ルグロ〔フランスの哲学者〕は『L'Idée d'humanité』において次のように語っている。現代人は「引き離されたい」という欲望と「根を下ろしたい」という正反対の欲求との間で、常に揺れ動いている。18 世紀に啓蒙主義の哲学は前者の欲望を称賛した一方、19 世紀のロマン主義は後者の欲求を表現した。

装丁　緒方修一

略歴

著者紹介

一九五三年、チュニジア生まれ。フランスの経済学者・思想家。パリ高等師範学校経済学部長、『ル・モンド』論説委員。二〇〇六年にトマ・ピケティらとパリ経済学校（EEP）設立。著書にフランスで『銃・病原菌・鉄』を越えるベストセラーとなった『経済と人類の1万年史から、21世紀世界を考える』など。

訳者紹介

林昌宏 Masahiro Hayashi

一九六五年、名古屋市生まれ。翻訳家。立命館大学経済学部経済学科卒。主要訳書に、フランソワ・エラン『移民とともに——計測・討論・行動するための人口統計学』（白水社）、ブルーノ・パリエ『医療制度改革』（白水社）、ダニエル・コーエン『経済成長という呪い』（東洋経済新報社）、ジャック・アタリ『海の歴史』（プレジデント社）など。

ホモ・デジタリスの時代

AIと戦うための（革命の）哲学

二〇一九年九月一五日 印刷
二〇一九年一〇月五日 発行

著者 ダニエル・コーエン
訳者 © 林昌宏（はやし まさひろ）
発行者 及川直志
印刷所 株式会社三陽社
発行所 株式会社白水社

東京都千代田区神田小川町三の二四
電話 営業部〇三（三二九一）七八一一
　　 編集部〇三（三二九一）七八二一
振替 〇〇一九〇-五-三三二二八
郵便番号 一〇一-〇〇五二
www.hakusuisha.co.jp

乱丁・落丁本は、送料小社負担にてお取り替えいたします。

誠製本株式会社

ISBN978-4-560-09721-2
Printed in Japan

白水社の本

移民とともに　計測・討論・行動するための人口統計学

フランソワ・エラン 著　林 昌宏 訳

嘘の数字、詭弁、フェイクニュースを見破るために！　フランスの移民学の権威が、人口統計学をもとに間違いだらけの移民政策を検証。

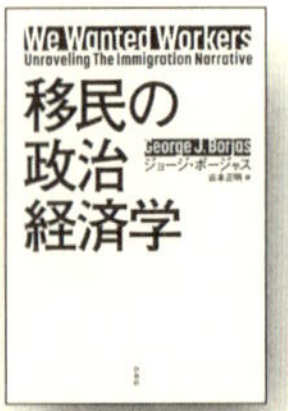

移民の政治経済学

ジョージ・ボージャス 著　岩本正明 訳

労働市場に与えるインパクトから財政への影響まで、移民をめぐる通説を根底から覆す記念碑。

貿易戦争の政治経済学　資本主義を再構築する

ダニ・ロドリック 著　岩本正明 訳

ポピュリズム的ナショナリズムと高度産業社会に充満する不安を理解するための必読書。フランシス・フクヤマ、ラグラム・ラジャン推薦。